초등학교 입학 전

공부의 기초를 닦아주세요!

국어뿐만 아니라 다른 과목을 공부하는 데 있어 가장 기초가 되는 것은 글을 읽고 내용을 파악하는 힘입니다. 학교에서 배우는 모든 과목은 알다시피 우리말의 낱말과 문장으로 이루어져 있습니다. 따라서 글을 읽고 내용을 이해하는 데 어려움이 없다면 아무리 배경 지식이 없는 낯선 내용이라도 충분히 글의 내용을 자신의 것으로 정리해 낼 수 있습니다.

글을 읽고 내용을 파악하는 데 핵심이 되는 능력은 어휘력과 독해력입니다. 그리고 어휘력과 독해력을 키우는 데 가장 좋은 것은 무엇보다도 꾸준한 독서 습관입니다. 평소에 책 읽기를 좋아하고 여러 분야의 책을 많이 읽은 아이라면 어휘력과 독해력이 다른 아이에 비해 부족함이 없을 것입니다.

하지만 절대적인 독서량이 부족하고 책을 읽더라도 정독하지 못하고 글의 내용이나 주제를 파악하는 데 서툰 아이라면 독서 방법이나 습관을 개선하기 위한 별도의 교육이 필요합니다. 가장 효과적인 교육 방법은 부모님이 아이에게 책을 읽어 주는 것입니다. 책 읽어 주기는 아이 스스로 책에 대한 거부감을 없애고 책을 좋아하게 만들기 위해 부모가 해야 할 기본적인 역할입니다.

책 읽어 주기와 더불어 짧은 글을 읽고 글의 내용을 파악하는 훈련을 지속적으로 해 주세요. 이것은 정독 습관을 길러주기 위한 것으로, 주어진 문제를 해결하기 위해서는 짧은 글이라도 꼼꼼하게 읽어야 한다는 것을 아이가 깨닫도록 하기 위함입니다. 예비초등 공습국어를 활용하면 이 훈련을 효과적으로 진행하는데 많은 도움이 될 것입니다.

이렇게 책을 좋아하고 정독하는 습관을 갖게 된다면 아이의 어휘력과 독해력은 점점 탄탄해질 것입니다. 특히 초등 입학 전부터 어휘력과 독해력을 착실하게 다져 놓는다면 학교 공부를 따라가는 데 큰 부담을 덜 수 있을 뿐 아니라 실력면에서도 한 발 더 앞서나가는 아이가 될 것입니다.

예비초등 공습국어의 특징

하나 흥미롭고 유익한 글감이 가득!

우리 주변의 소소한 일상에서부터 알쏭달쏭 신기한 자연 현상에 이르기까지 아이들이 알아 두면 좋을 여러 가지 이야기를 아기자기한 그림과 함께 수록하였습니다. 또한 같은 주제에 해당하는 글들을 동화, 동요, 일기, 편지, 설명문 등 다양한 형식으로 구성하여 갈래별로 글의 특징을 맛볼 수 있도록 했습니다.

둘 미리 체험해보는 초등 1, 2학년!

각 마당별 글감들은 초등 1~2학년 교과인 바른 생활, 슬기로운 생활, 즐거운 생활 영역의 활동 주제들로 구성하였습니다. 이를 통해 취학 전에 1~2학년 교과 주제와 관련된 내용을 미리 체험할 수 있습니다.

셋 어휘와 독해 훈련을 한번에!

초등용 공습국어가 어휘와 독해로 나누어져 있다면 예비초등 공습국어는 어휘와 독해를 한 교재 안에서 공부할 수 있도록 구성했습니다. 이를 통해 어휘와 독해 어느 한쪽에 치우치지 않고 고르게 학습할 수 있습니다.

넷 학습 지도를 위한 문제 풀이 및 해설!

교재에 들어 있는 별도의 정답지를 통해 문제에 대한 해설과 문제 풀이를 위한 학습 지도 요령을 확인할 수 있습니다. 집에서 아이와 교재 학습을 진행할 때 참고하면 많은 도움이 될 것입니다.

효과적인 교재 학습을 위해

부모님께서는 이렇게 도와주세요!

하나 아이와 함께 하는 것이 무엇보다 중요합니다.

취학 전 아동의 경우 글을 읽거나 문제 풀이 활동이 익숙하지 않으므로, 혼자서 교재를 보고 공부하는 것이 쉽지 않습니다. 특히 본 교재는 글 읽기가 중요합니다. 독서 경험이 풍부한 아이라면 큰 어려움이 없겠지만 대부분 아이들은 글 읽기가 아직은 서툴고 어렵습니다. 따라서 부모님께서 교재에 나와 있는 지문이나 문제를 아이에게 직접 읽어 주시는 것이 좋습니다. 그런 다음 아이도 소리 내어 글을 읽을 수 있도록 지도해 주시기 바랍니다. 문제를 풀 때도 정답에 제시된 문제 풀이 방법과 지도 방법을 참조하여 아이와 서로 이야기하는 것이 학습 효과를 높이는 데 많은 도움이 됩니다.

둘 꾸준함이 좋은 공부 습관을 만듭니다.

어휘력과 독해력은 글을 읽을 때 정확하고 꼼꼼하게 읽는 정독 습관을 통해 형성됩니다. 이 말은 바꿔 이야기하면 정독 습관이 제대로 형성되지 않으면 어휘력과 독해력을 향상시키기가 쉽지 않다는 것입니다. 습관을 들이기 위해서는 꾸준하고 지속적인 훈련이 필요합니다. 따라서 본 교재를 볼 때 매일 1차시 정도의 분량을 꾸준히 학습할 수 있게 지도해 주시기 바랍니다.

셋 천천히 여유를 가지고 지켜봐 주세요.

아이와 문제를 풀다보면 방금 읽은 내용인데도 잊어버리고 헤매는 경우를 많이 경험해 보았을 것입니다. 그런 경우 답답하다고 아이를 다그치거나 좋지 못한 소리를 하면 아이들은 위축되고 스트레스를 받아 오히려 학습 의욕이 떨어지게 됩니다. 읽은 글의 내용이 잘 생각나지 않으면 다시 천천히 꼼꼼하게 읽어 보게 하세요. 그리고 시간에 쫓기 듯 문제를 풀게 하지 마시고 아이에게 충분히 생각할 시간을 주고 스스로 문제를 해결할 수 있도록 여유를 가지고 지켜봐 주세요.

넷 책 읽기가 어휘력과 독해력의 기본임을 잊지 마세요.

공습국어를 통해서 다양한 주제를 가진 여러 갈래의 글들을 접할 수 있고, 문제 풀이를 통해 어휘력과 독해력을 키울 수 있지만, 어휘력과 독해력의 기본은 다양하고 풍부한 독서 체험입니다. 교재 학습은 보조적 수단입니다. 궁극적으로는 아이가 책을 좋아하도록 만들어야 합니다.
아이가 흥미를 가질 만한 내용이 담긴 책을 부모님께서 꾸준히 읽어주고 책의 내용에 대해 자유롭게 대화를 나눠 보세요. 아이와 책이 가까워지는 데 많은 도움이 될 것입니다.

마당과 차시 구성 미리 보기

예비초등 공습국어는 한 마당이 다섯 개의 차시로 구성되어 있어 하루에 한 차시씩 학습할 때 1주일 정도가 소요됩니다. 따라서 매일 한 차시씩 꾸준히 진도를 나갈 경우 3주면 1권을 마무리할 수 있습니다.

부모님께

이번 마당에 나오는 글들이 초등 1~2학년 과목에서 어떤 주제에 해당하는지 소개하고 학습 지도 방법을 설명합니다.

첫째 마당

신 나는 동요

"첫째 마당에서는 동요에 대한 여러 가지 글을 읽어 볼 거예요.
화가 난 삐악이가 노래를 부르며 마음이 풀리는 모습도 보고, 동요 나라 요정님이 들려주는 동요 이야기도 들어 보아요.
또, 재미있는 전래 동요도 배우고,
놀면서 부르는 동요도 알아보아요.
주어진 글을 모두 읽고 나면 동요가 주는 즐거움과 재미를 알게 될 거예요."

부모님께

첫째 마당에서 다루고 있는 '신 나는 동요'는 초등학교 즐거운 생활 영역의 여러 주제와 연관되어 있습니다. 이것은 동요를 부르는 즐거움을 알고 동요의 진정한 의미를 이해하여 옛날부터 전해 내려오는 전래 동요를 익히는 활동입니다. 교재 학습과 더불어 다양하고 재미있는 동요를 익히게 하고 더불어 동요와 함께 하는 생활 속 놀이 등을 지도해 주세요.

마당 길잡이

교과영역	바른 생활	슬기로운 생활	즐거운 생활 ✔

순서	글감 제목	글감 내용	이렇게 읽어요
첫째 날	삐악이가 화가 났어요 (이야기)	화가 난 삐악이가 친구들과 노래를 부르면서 어떻게 화가 풀리는지 알아보아요.	인물의 마음이 어떻게 변하는지 주의하며 읽어요.
둘째 날	아하, 그렇구나! (설명하는 글)	요정의 이야기를 통해 동요의 의미와 종류에 대해 알아보아요.	중요한 내용을 정리하며 읽어요.
셋째 날	신 나는 전래 동요 (전래 동요)	두 편의 전래 동요를 통해 전래 동요의 재미를 알아보아요.	글을 읽는 재미를 느끼며 읽어요.
넷째 날	노래하며 놀아요 (생활문)	두꺼비 집 짓기 놀이와 숨바꼭질 놀이를 하면서 어떤 노래를 부르는지 알아보아요.	나의 경험을 떠올리며 읽어요.
다섯째 날	다지기 마당	앞에서 공부한 내용을 다시 한 번 확인해 보아요.	
	놀이 마당	전래 동요 노랫말의 일부분을 바꾸어 놀이를 하면서 '나만의 전래 동요'를 불러 보는 놀이를 해 보아요.	
	정보 마당	아기를 재우거나 어를 때 부르는 동요를 알아보아요.	

마당 길잡이

이번 마당의 교과 영역과 각 차시별 글의 갈래와 내용, 그리고 글을 읽는 방법을 보여 줍니다. 처음 마당을 시작할 때 이곳을 통해 마당의 전체적인 내용을 확인하세요.

글을 읽어요

각 차시별로 문제를 풀기 위해 읽어야 할 글입니다. 부모님께서 먼저 읽어주시고, 그 다음 아이가 소리 내어 읽게 해 주세요. 그리고 읽을 때는 글의 내용을 생각하며 천천히 꼼꼼하게 읽어야 합니다.

첫째날
글을 읽어요

삐악이가 화가 났어요

화가 난 삐악이가 집 밖으로 나왔어요.
음식을 **골고루** 먹지 않는다고 엄마한테 혼이 났거든요.
'엄마는 날마다 내가 하고 싶은 대로 하지 못하게 해!'
삐악이는 앞만 보고 숲길을 종종종 걸었어요.

멀리서 삐악이를 지켜보던 참새가 날아왔어요.
"짹짹, 삐악아, 너 왜 그렇게 화가 났니?"
삐악이는 아무 말도 하고 싶지 않았어요.
"짹짹, 삐악아, 내가 노래 불러 줄 테니 웃어 보렴."
참새가 기분 좋게 노래를 불렀어요.

"노래를 부르면 기분이 좋아져요. 짹짹.
화가 나면 신 나게 노래를 불러요. 짹짹"
노랫소리를 들으니 삐악이의 기분이 조금 좋아졌어요.
노랫소리를 듣고 여기저기에서 친구들이 모여들었어요.

숲 속 친구들이 모여 노래를 불렀어요.
여우는 바이올린을 **켜고**, 오리는 탬버린을 흔들었어요.
개구리는 춤을 추고, 다람쥐는 재주넘기를 하였어요.
삐악이도 친구들과 함께 노래를 부르고 춤을 추었어요.
어느새 삐악이는 화가 났던 일을 다 잊어버렸어요.

골고루 낱말쏙쏙
이것저것 빠뜨리지 않는다는 뜻이에요.

켜고(켜다) 낱말쏙쏙
바이올린처럼 줄이 있는 악기의 줄을 문질러 소리를 내는 것이에요.

월 일 요일

낱말 쏙쏙

글에 나온 낱말 중 아이들이 조금 어려워할 만한 낱말이나 소리나 모양 등을 흉내 내는 낱말의 뜻을 풀어서 설명합니다.

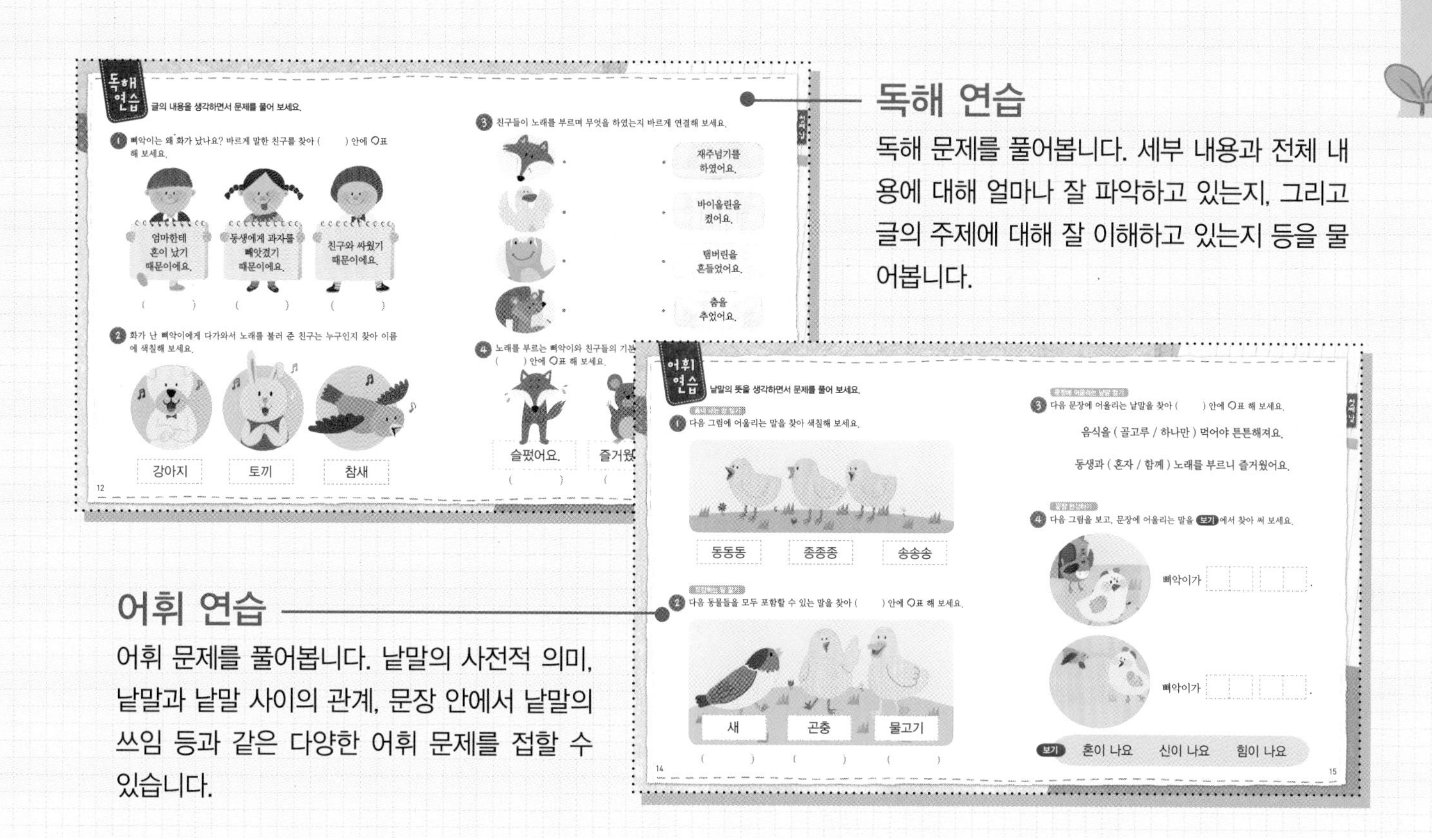

독해 연습

독해 문제를 풀어봅니다. 세부 내용과 전체 내용에 대해 얼마나 잘 파악하고 있는지, 그리고 글의 주제에 대해 잘 이해하고 있는지 등을 물어봅니다.

어휘 연습

어휘 문제를 풀어봅니다. 낱말의 사전적 의미, 낱말과 낱말 사이의 관계, 문장 안에서 낱말의 쓰임 등과 같은 다양한 어휘 문제를 접할 수 있습니다.

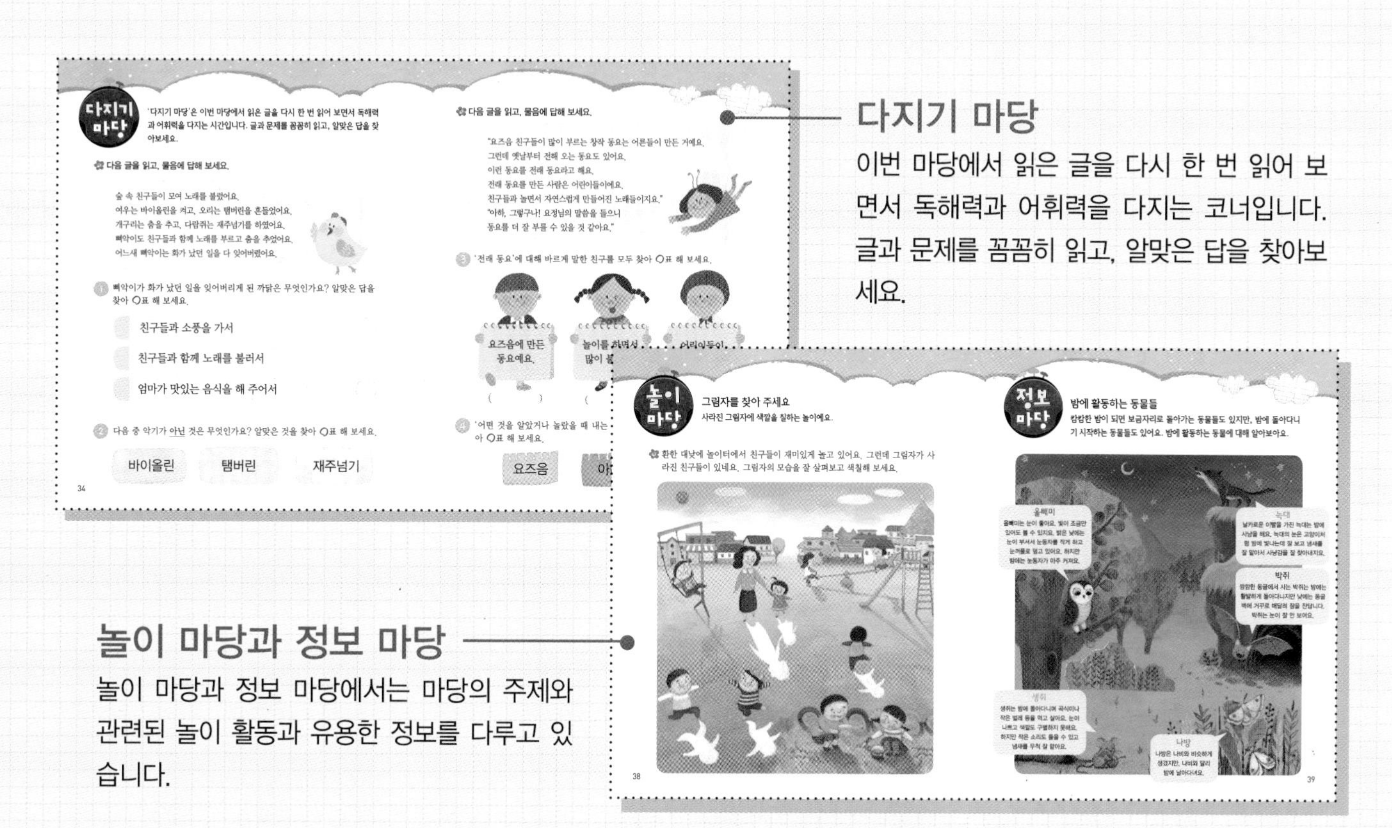

다지기 마당

이번 마당에서 읽은 글을 다시 한 번 읽어 보면서 독해력과 어휘력을 다지는 코너입니다. 글과 문제를 꼼꼼히 읽고, 알맞은 답을 찾아보세요.

놀이 마당과 정보 마당

놀이 마당과 정보 마당에서는 마당의 주제와 관련된 놀이 활동과 유용한 정보를 다루고 있습니다.

권별 구성과 교과 연계 보기

예비초등 공습국어의 각 마당은 초등 1~2학년 교과인 바른 생활, 슬기로운 생활, 즐거운 생활의 주제와 서로 연관이 되어 있습니다. 초등 교과목과의 연계를 통해 아이들은 미리 학교에서 배우게 될 내용들을 간접적으로 체험할 수 있습니다.

권	마당	제목	과목	주제
1권	첫째 마당	신 나는 동요	즐거운 생활	동요를 부르는 즐거움
	둘째 마당	화목한 가족	슬기로운 생활	가족 구성원과 가족의 소중함
	셋째 마당	올바른 생활 습관	바른 생활	생활 습관의 중요성
2권	첫째 마당	알록달록 색깔	즐거운 생활	색깔의 종류와 다양한 느낌
	둘째 마당	소중한 친구	바른 생활	바람직한 친구 관계
	셋째 마당	정다운 우리 마을	슬기로운 생활	우리 마을과 함께 사는 이웃
3권	첫째 마당	즐거운 운동과 놀이	즐거운 생활	여러 가지 놀이와 운동
	둘째 마당	다 함께 지켜요	바른 생활	공공장소에서의 바른 행동
	셋째 마당	신기한 우리 몸	슬기로운 생활	우리 몸에서 일어나는 현상
4권	첫째 마당	정다운 인사	바른 생활	상황에 알맞은 인사법
	둘째 마당	흥겨운 악기	즐거운 생활	음악의 여러 요소와 악기
	셋째 마당	와글와글 시장	슬기로운 생활	가게와 물건의 필요성
5권	첫째 마당	재미있는 연극과 흥겨운 춤	즐거운 생활	다양한 놀이와 느낌의 표현
	둘째 마당	자랑스러운 우리나라	바른 생활	우리나라를 상징하는 것
	셋째 마당	계절과 생활	슬기로운 생활	사계절 속 사람과 동식물의 생활
6권	첫째 마당	낮과 밤	슬기로운 생활	낮과 밤의 변화와 하루 일과
	둘째 마당	흥겨운 민속놀이	즐거운 생활	민속놀이의 즐거움과 조상의 삶
	셋째 마당	아름다운 환경	바른 생활	환경의 중요성과 실천 방법
7권	첫째 마당	왁자지껄 소리	즐거운 생활	소리의 구별과 표현
	둘째 마당	동식물은 내 친구	슬기로운 생활	동식물 기르기와 생명 존중의 마음
	셋째 마당	재미있는 숫자	수학	숫자와 수의 순서

차례

첫째 마당

신 나는 동요

둘째 마당

화목한 가족

셋째 마당

올바른 생활 습관

신 나는 동요

“첫째 마당에서는 동요에 대한 여러 가지 글을
읽어 볼 거예요.
화가 난 삐악이가 노래를 부르며 마음이 풀리는
모습도 보고, 동요 나라 요정님이 들려주는 동요
이야기도 들어 보아요.
또, 재미있는 전래 동요도 배우고,
놀면서 부르는 동요도 알아보아요.
주어진 글을 모두 읽고 나면 동요가 주는 즐거움과
재미를 알게 될 거예요.”

부모님께

첫째 마당에서 다루고 있는 ‘신 나는 동요’는 초등학교 즐거운 생활 영역의 여러 주제와 연관되어 있습니다. 이것은 동요를 부르는 즐거움을 알고 동요의 진정한 의미를 이해하며 옛날부터 전해 내려오는 전래 동요를 익히는 활동입니다. 교재 학습과 더불어 다양하고 재미있는 동요를 익히게 하고 더불어 동요와 함께 하는 생활 속 놀이 등을 지도해 주세요.

마당길잡이

교과영역	바른 생활	슬기로운 생활	즐거운 생활 ✔

순서	글감 제목	글감 내용	이렇게 읽어요
첫째 날	삐악이가 화가 났어요 (이야기)	화가 난 삐악이가 친구들과 노래를 부르면서 어떻게 화가 풀리는지 알아보아요.	인물의 마음이 어떻게 변하는지 주의하며 읽어요.
둘째 날	아하, 그렇구나! (설명하는 글)	요정의 이야기를 통해 동요의 의미와 종류에 대해 알아보아요.	중요한 내용을 정리하며 읽어요.
셋째 날	신 나는 전래 동요 (전래 동요)	두 편의 전래 동요를 통해 전래 동요의 재미를 알아보아요.	글을 읽는 재미를 느끼며 읽어요.
넷째 날	노래하며 놀아요 (생활문)	두꺼비 집 짓기 놀이와 숨바꼭질 놀이를 하면서 어떤 노래를 부르는지 알아보아요.	나의 경험을 떠올리며 읽어요.
다섯째 날	다지기 마당	앞에서 공부한 내용을 다시 한 번 확인해 보아요.	
	놀이 마당	전래 동요 노랫말의 일부분을 바꾸어 놀이를 하면서 '나만의 전래 동요'를 불러 보는 놀이를 해 보아요.	
	정보 마당	아기를 재우거나 어를 때 부르는 동요를 알아보아요.	

삐악이가 화가 났어요

화가 난 삐악이가 집 밖으로 나왔어요.
음식을 **골고루** 먹지 않는다고 엄마한테 혼이 났거든요.
'엄마는 날마다 내가 하고 싶은 대로 하지 못하게 해!'
삐악이는 앞만 보고 숲길을 종종종 걸었어요.

멀리서 삐악이를 지켜보던 참새가 날아왔어요.
"짹짹, 삐악아. 너 왜 그렇게 화가 났니?"
삐악이는 아무 말도 하고 싶지 않았어요.
"짹짹, 삐악아. 내가 노래 불러 줄 테니 웃어 보렴."
참새가 기분 좋게 노래를 불렀어요.

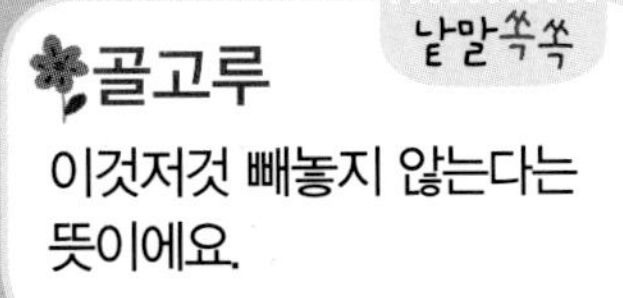

이것저것 빼놓지 않는다는 뜻이에요.

"노래를 부르면 기분이 좋아져요. 짹짹.
화가 나면 신 나게 노래를 불러요. 짹짹"
노랫소리를 들으니 삐악이의 기분이 조금 좋아졌어요.
노랫소리를 듣고 여기저기에서 친구들이 모여들었어요.

숲 속 친구들이 모여 노래를 불렀어요.
여우는 바이올린을 **켜고**, 오리는 탬버린을 흔들었어요.
개구리는 춤을 추고, 다람쥐는 재주넘기를 하였어요.
삐악이도 친구들과 함께 노래를 부르고 춤을 추었어요.
어느새 삐악이는 화가 났던 일을 다 잊어버렸어요.

켜고(켜다) 낱말쏙쏙
바이올린처럼 줄이 있는
악기의 줄을 문질러
소리를 내는 것이에요.

독해 연습

글의 내용을 생각하면서 문제를 풀어 보세요.

1 삐악이는 왜 화가 났나요? 바르게 말한 친구를 찾아 (　　　) 안에 ○표 해 보세요.

(　　　)　　(　　　)　　(　　　)

2 화가 난 삐악이에게 다가와서 노래를 불러 준 친구는 누구인지 찾아 이름에 색칠해 보세요.

강아지　　토끼　　참새

3 친구들이 노래를 부르며 무엇을 하였는지 바르게 연결해 보세요.

재주넘기를 하였어요.

바이올린을 켰어요.

탬버린을 흔들었어요.

춤을 추었어요.

4 노래를 부르는 삐악이와 친구들의 기분이 어떠했을까요? 아래에서 찾아 (　　) 안에 ○표 해 보세요.

슬펐어요.	즐거웠어요.	놀랐어요.
(　　　)	(　　　)	(　　　)

어휘 연습

낱말의 뜻을 생각하면서 문제를 풀어 보세요.

흉내 내는 말 알기

1 다음 그림에 어울리는 말을 찾아 색칠해 보세요.

동동동	종종종	송송송

포함하는 말 알기

2 다음 동물들을 모두 포함할 수 있는 말을 찾아 (　　　) 안에 ○표 해 보세요.

(　　　)　　(　　　)　　(　　　)

문장에 어울리는 낱말 알기

3 다음 문장에 어울리는 낱말을 찾아 (　　　) 안에 ○표 해 보세요.

음식을 (골고루 / 하나만) 먹어야 튼튼해져요.

동생과 (혼자 / 함께) 노래를 부르니 즐거웠어요.

문장 완성하기

4 다음 그림을 보고, 문장에 어울리는 말을 보기 에서 찾아 써 보세요.

삐악이가 □□ □□.

삐악이가 □□ □□.

보기 혼이 나요　　신이 나요　　힘이 나요

아하, 그렇구나!

동요 나라 요정님이 친구들을 찾아왔어요.
친구들이 동요에 대해 알려 달라고 **졸랐거든요.**
"요정님, 동요를 왜 어린이들의 노래라고 하는지 알고 싶어요.
어른들은 어른들의 노래를 부르잖아요."
"아, 그게 궁금했군요.
동요는 어린이들을 위한 노래라서 그래요.
동요에는 어린이들의 생각과 마음이 담겨 있으니까요."
친구들은 고개를 끄덕였어요.

낱말 쏙쏙

졸랐거든요 (조르다)
다른 사람에게 자꾸 무엇을 해 달라고 말하는 거예요.

"요정님, 동요는 누가 만들었나요?"
요정님이 웃으며 대답했어요.
"**요즈음** 친구들이 많이 부르는
창작 동요는 어른들이 만든 거예요.
그런데 옛날부터 전해 오는 동요도 있어요.
이런 동요를 전래 동요라고 해요.
전래 동요를 만든 사람은 어린이들이에요.
친구들과 놀면서 자연스럽게 만들어진 노래들이지요."
"아하, 그렇구나! 요정님의 말씀을 들으니 동요를
더 잘 부를 수 있을 것 같아요."

요즈음 낱말 쏙쏙
바로 얼마 전부터 지금까지를 뜻해요.

독해 연습

글의 내용을 생각하면서 문제를 풀어 보세요.

1 누가 친구들에게 동요에 대해 알려 주었나요? (   ) 안에 ○표 해 보세요.

(   ) (   ) (   )

2 동요에 대해 바르게 말한 친구를 모두 찾아 (   ) 안에 ○표 해 보세요.

(   ) (   ) (   )

3 다음 글을 잘 읽고, 무엇에 대한 설명인지 알맞은 것을 찾아 색칠해 보세요.

옛날부터 전해 오는 동요예요.
친구들과 놀면서 자연스럽게
만들어진 노래랍니다.

전래 동요 | 창작 동요

4 친구들이 요정님께 이야기를 듣고 동요에 대해 알게 되었어요. 친구들이 알게 된 내용에 알맞게 연결해 보세요.

동요는 •	• 어른들이 만든 거예요.
창작 동요는 •	• 어린이들이 만든 거예요.
전래 동요는 •	• 어린이들의 생각과 마음이 담겨 있어요.

어휘 연습

낱말의 뜻을 생각하면서 문제를 풀어 보세요.

사물의 이름 알기

1 다음 그림에 알맞은 낱말을 **보기** 에서 찾아 써 보세요.

보기 어른 어린이

동작을 표현하는 낱말 알기

2 다음 그림에 어울리는 낱말을 찾아 (   ) 안에 ○표 해 보세요.

친구가 고개를
(끄덕이고 / 서고)
있어요.

그림에 알맞은 낱말 알기

3 다음 그림에 알맞은 낱말을 찾아 색칠해 보세요.

웃다	울다

요즈음	옛날

높임말 알기

4 다음 그림에 어울리는 문장을 찾아 바르게 연결해 보세요.

• • 말씀을 하십니다.

• • 말을 합니다.

신 나는 전래 동요

여우야 여우야 뭐 하니?

한 고개 넘어갔다.
두 고개 넘어갔다.
여우야 여우야 뭐 하니?
잠잔다. 잠꾸러기.
여우야 여우야 뭐 하니?
세수한다. 멋쟁이.
여우야 여우야 뭐 하니?
밥 먹는다. 무슨 **반찬**?
개구리 반찬.

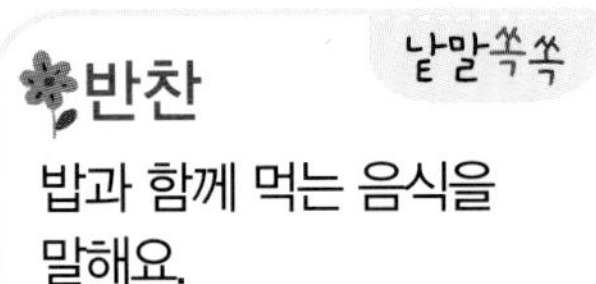

낱말쏙쏙

반찬
밥과 함께 먹는 음식을 말해요.

월 일 요일

어깨동무

동무 동무 어깨동무
어디든지 같이 가고
동무 동무 어깨동무
언제든지 같이 놀고
동무 동무 어깨동무
해도 달도 따라오고
동무 동무 어깨동무
너도 나도 따라 놀고

동무 낱말쏙쏙
늘 친하게 지내는 친구를 말해요.

독해 연습

글의 내용을 생각하면서 문제를 풀어 보세요.

1 '여우야 여우야 뭐 하니?' 전래 동요에서 여우가 한 행동을 모두 찾아 색칠해 보세요.

2 '여우야 여우야 뭐 하니?' 전래 동요에서 여우가 먹은 반찬을 찾아 (　　) 안에 ○표 해 보세요.

(　　　)　(　　　)　(　　　)

3 다음 그림 중에서 '어깨동무'를 하고 있는 모습을 찾아 (　　　) 안에 ○표 해 보세요.

(　　　)　　(　　　)　　(　　　)

4 전래 동요 '여우야 여우야 뭐 하니?'와 '어깨동무'를 읽을 때의 느낌을 바르게 말한 친구를 찾아 (　　　) 안에 ○표 해 보세요.

(　　　)　　(　　　)　　(　　　)

어휘 연습 낱말의 뜻을 생각하면서 문제를 풀어 보세요.

낱말의 뜻 알기

1 다음 그림 중에서 '반찬'이 아닌 것을 찾아 ○표 해 보세요.

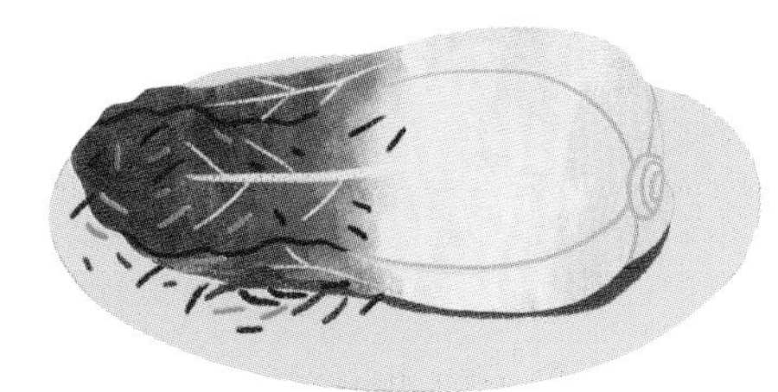

김치

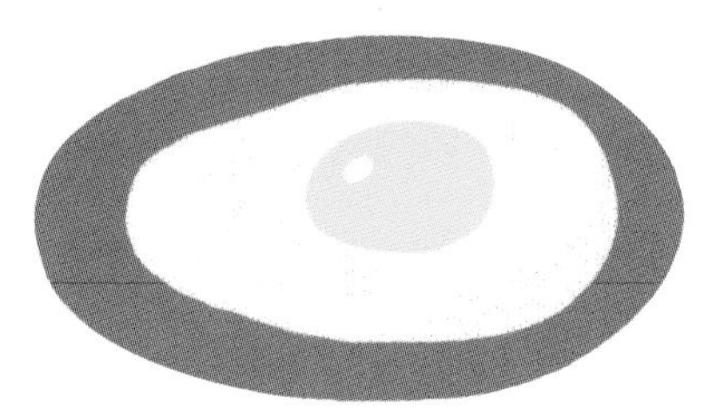

계란 프라이

쌀밥

국

반대 말 알기

2 다음 그림을 보고, 밑줄 친 낱말과 반대되는 뜻의 낱말을 찾아 ○표 해 보세요.

여우가 잠자요.

일어나요 누워요

문장의 종류 알기

3 다음 문장 중에서 물어보는 문장을 찾아 색칠해 보세요.

여우야 여우야 뭐 하니?

밥 먹는다.

너도 나도 따라 놀고

낱말의 여러 가지 뜻 알기

4 다음 그림을 보고, ☐ 안에 공통으로 들어갈 수 있는 말을 **보기** 에서 찾아 써 보세요.

여우가 ☐☐ 를 넘어요.

아이가 ☐☐ 를 흔들어요.

보기 다리 머리 고개

노래하며 놀아요

나와 친구들은 심심할 때마다 놀이터 모래밭에서 만나요.
오늘 나는 영훈이와 짝을 지어 놀기로 하였어요.
우리는 무슨 놀이를 할까 **한참** 생각을 하다가
두꺼비 집 짓기 놀이를 하기로 하였어요.
모래밭 깊숙이 손을 넣고 모래를 모아 집을 지어요.
"두껍아 두껍아 헌 집 줄게 새집 다오."
노래를 부르며 두꺼비 집 짓기 놀이를 하면 더 재미있어요.

낱말 쏙쏙

한참
오랜 시간을 뜻해요.

놀이터 다른 곳에서 친구들이 숨바꼭질 놀이를 하고 있어요.
민우가 술래인가 봐요.
친구들이 여기저기 흩어져서 숨고 있어요.
미끄럼틀 뒤에 숨은 민아도 있고,
그네 옆에 앉아 있는 승기도 있어요.
민우가 눈을 감고 친구들을 향해 노래를 불러요.
"꼭꼭 숨어라. 머리카락 보인다.
꼭꼭 숨어라. **옷자락**이 보인다."
노래를 부르며 숨바꼭질 놀이를 하면 더 신이 나요.

옷자락 낱말쏙쏙
옷의 아랫부분을 뜻해요.

독해 연습 글의 내용을 생각하면서 문제를 풀어 보세요.

1 친구들이 어디에서 놀고 있나요? 알맞은 곳을 찾아 ○표 해 보세요.

( )

( )

( )

2 '나'와 영훈이는 무슨 놀이를 하였나요? 바르게 말한 친구를 찾아 ( ) 안에 ○표 해 보세요.

( )

( )

( )

3 숨바꼭질 놀이를 할 때 그네 옆과 미끄럼틀 뒤에 숨은 친구는 누구인지 **보기**에서 찾아 (　　　) 안에 써 보세요.

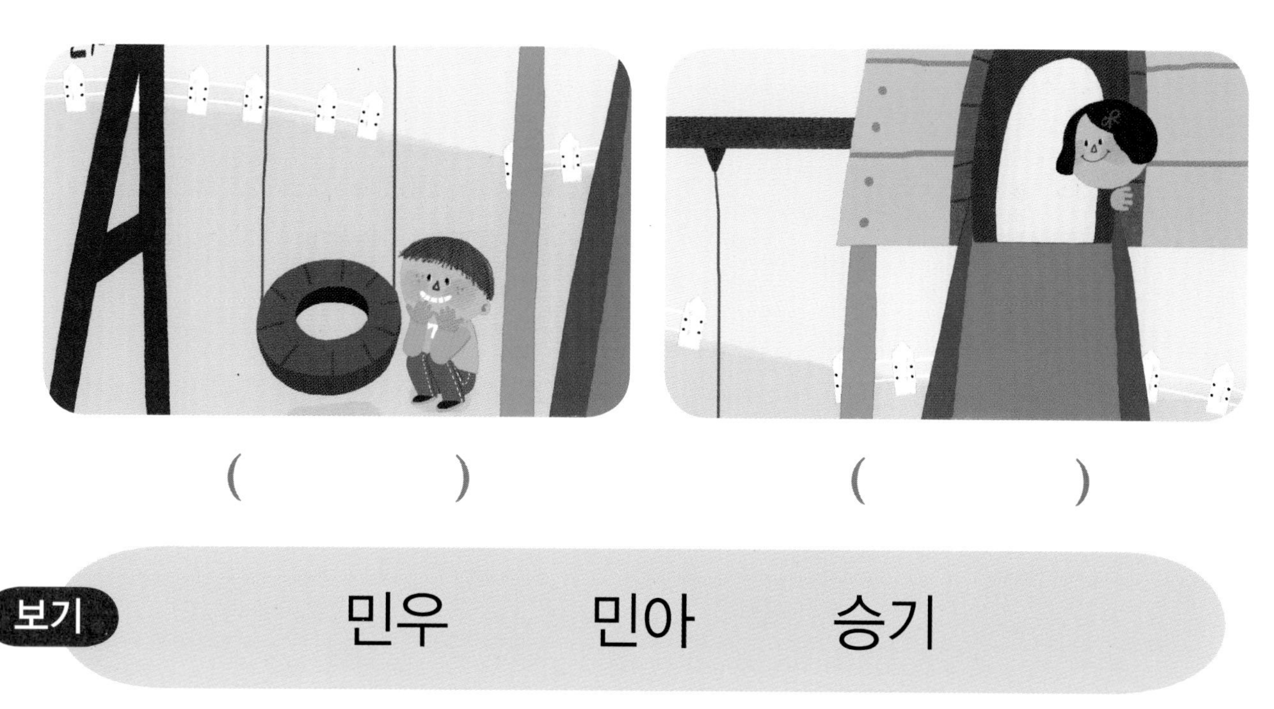

(　　　　　)　　　　　　(　　　　　)

보기　민우　　민아　　승기

4 친구들이 놀이를 하면서 어떤 노래를 불렀나요? 알맞은 노래를 찾아 연결해 보세요.

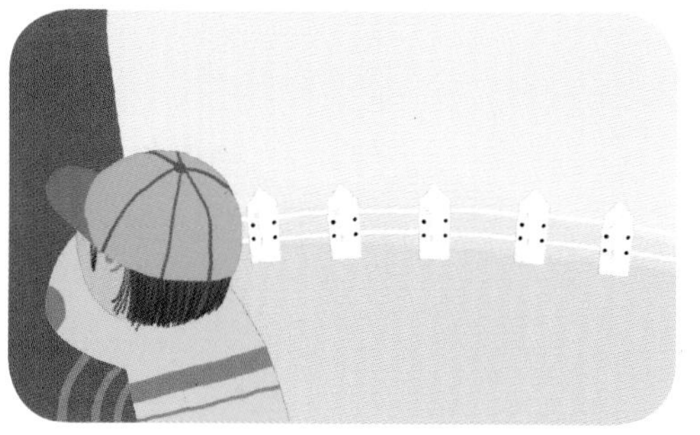

꼭꼭 숨어라.
머리카락 보인다.

두껍아 두껍아
헌 집 줄게
새 집 다오.

어휘 연습

낱말의 뜻을 생각하면서 문제를 풀어 보세요.

동작을 나타내는 말 알기

1 다음 그림을 보고, 알맞은 말을 찾아 ○표 해 보세요.

친구들이 가운데로 (모여요 / 흩어져요).

친구들이 여기저기로 (모여요 / 흩어져요).

관련 있는 말 찾기

2 놀이터에서 볼 수 있는 것을 모두 찾아 색칠해 보세요.

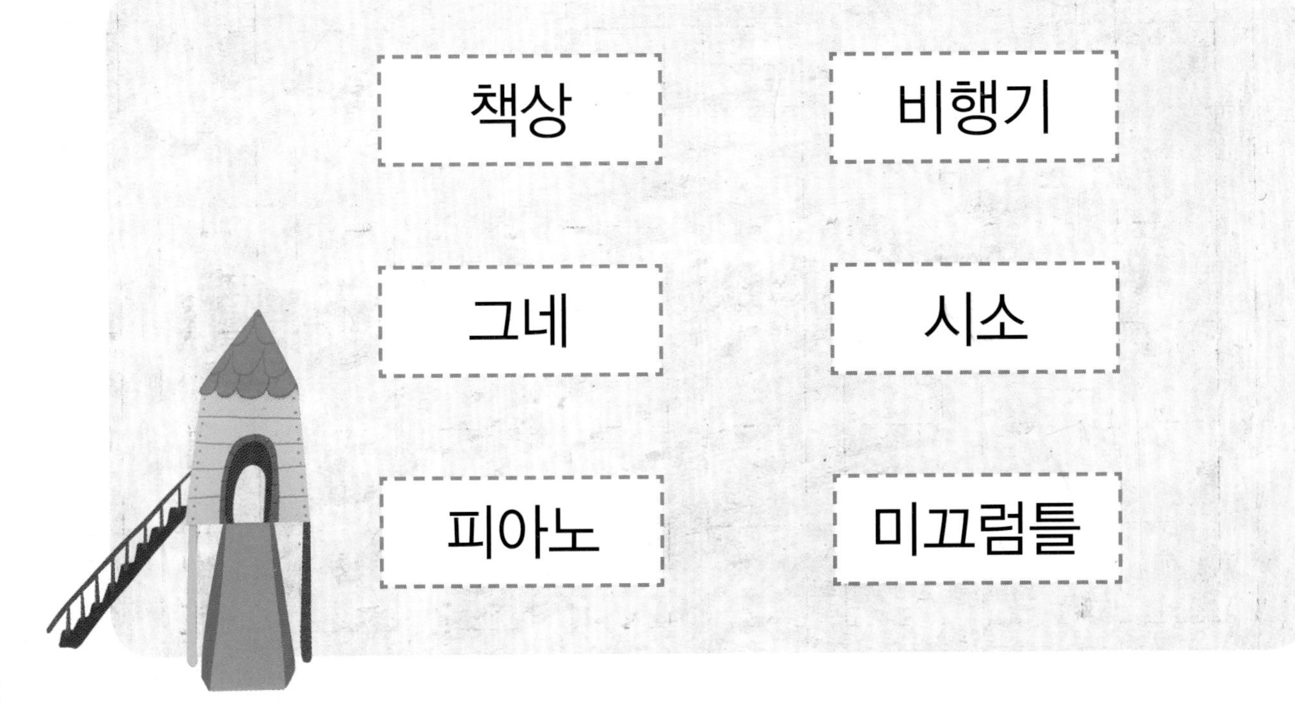

방향을 나타내는 말 알기

3 다음 그림을 보고, 알맞은 말에 색칠해 보세요.

곰 인형 [앞 | 뒤] 에 책이 있어요.

꾸며 주는 말 알기

4 다음 그림을 보고, 보기 에서 알맞은 말을 찾아 써 보세요.

[ ] 옷　　　[ ] 신발

보기　헌　새

'다지기 마당'은 이번 마당에서 읽은 글을 다시 한 번 읽어 보면서 독해력과 어휘력을 다지는 시간입니다. 글과 문제를 꼼꼼히 읽고, 알맞은 답을 찾아보세요.

다음 글을 읽고, 물음에 답해 보세요.

숲 속 친구들이 모여 노래를 불렀어요.
여우는 바이올린을 켜고, 오리는 탬버린을 흔들었어요.
개구리는 춤을 추고, 다람쥐는 재주넘기를 하였어요.
삐악이도 친구들과 함께 노래를 부르고 춤을 추었어요.
어느새 삐악이는 화가 났던 일을 다 잊어버렸어요.

1 삐악이가 화가 났던 일을 잊어버리게 된 까닭은 무엇인가요? 알맞은 답을 찾아 ○표 해 보세요.

- 친구들과 소풍을 가서 ( )
- 친구들과 함께 노래를 불러서 ( )
- 엄마가 맛있는 음식을 해 주어서 ( )

2 다음 중 악기가 아닌 것은 무엇인가요? 알맞은 것을 찾아 ○표 해 보세요.

바이올린	탬버린	재주넘기

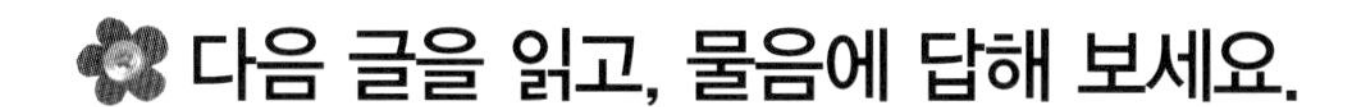

"요즈음 친구들이 많이 부르는 창작 동요는 어른들이 만든 거예요.
그런데 옛날부터 전해 오는 동요도 있어요.
이런 동요를 전래 동요라고 해요.
전래 동요를 만든 사람은 어린이들이에요.
친구들과 놀면서 자연스럽게 만들어진 노래들이지요."
"아하, 그렇구나! 요정님의 말씀을 들으니
동요를 더 잘 부를 수 있을 것 같아요."

3 '전래 동요'에 대해 바르게 말한 친구를 모두 찾아 ○표 해 보세요.

( ) ( ) ( )

4 '어떤 것을 알았거나 놀랐을 때 내는 뜻이 없는 소리'에 해당하는 말을 찾아 ○표 해 보세요.

아하

다음 글을 읽고, 물음에 답해 보세요.

한 고개 넘어갔다.
두 고개 넘어갔다.
여우야 여우야 뭐 하니?
잠잔다. 잠꾸러기.
여우야 여우야 뭐 하니?
세수한다. 멋쟁이.
여우야 여우야 뭐 하니?
밥 먹는다. 무슨 반찬?
개구리 반찬.

5 여우가 세수한다고 대답했을 때 무엇이라고 했나요? 알맞은 답을 찾아 ○표 해 보세요.

멋쟁이

잠꾸러기

개구리 반찬

6 다음 두 낱말을 모두 포함할 수 있는 말은 무엇일까요? 알맞은 말을 찾아 색칠해 보세요.

여우, 개구리 < 동물 | 반찬

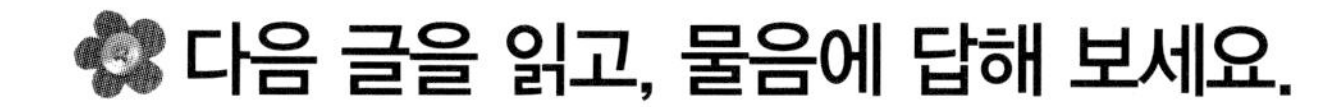

다음 글을 읽고, 물음에 답해 보세요.

오늘 나는 영훈이와 짝을 지어 놀기로 하였어요.
우리는 무슨 놀이를 할까 한참 생각을 하다가
두꺼비 집 짓기 놀이를 하기로 하였어요.
모래밭 깊숙이 손을 넣고 모래를 모아 집을 지어요.
"두껍아 두껍아 헌 집 줄게 새집 다오."
노래를 부르며 두꺼비 집 짓기 놀이를 하면 더 재미있어요.

7 노래를 부르며 놀이를 하면 마음이 어떠하다고 하였나요? 바르게 말한 친구를 찾아 (　　　) 안에 ○표 해 보세요.

(　　　)　(　　　)　(　　　)

8 다음 낱말들을 모두 포함할 수 있는 낱말을 보기에서 찾아 써 보세요.

보기: 놀이　운동　노래

노랫말을 바꾸어 불러요

노랫말을 바꾸어 '나만의 전래 동요'를 불러 보는 놀이예요.

재미있는 전래 동요를 부르면서 가위바위보 놀이를 해 보세요. 그리고 놀이를 하면서 전래 동요의 노랫말도 바꾸어 불러 보세요.

놀이 설명

1. 먼저, 노래를 부르면서 가위바위보 놀이를 해 보세요.
2. 가위바위보를 해서 진 사람에게 벌칙을 정해서 벌을 주어요.(예: 꿀밤 맞기, 심부름하기 등)
3. 별 그림이 그려진 부분의 노랫말을 바꾸어 불러 보세요.
4. 노랫말을 어울리게 잘 바꾸어 부르면 통과할 수 있어요.
5. 노랫말을 잘 바꾸어 부르지 못하면, 진 사람에게 벌칙을 정해서 벌을 주어요.

아기를 위한 전래 동요

옛날부터 전해 오는 전래 동요에는 아기를 재우거나 어를 때 불러 주던 노래가 많아요. 어떤 노래가 있는지 알아보아요.

자장 자장 우리 아기 자장 자장 우리 아기
꼬꼬닭아 우지 마라 우리 아기 잠을 깰라
멍멍 개야 짖지 마라 우리 아기 잠을 깰라
금을 주면 너를 사며 은을 주면 너를 사랴
나라에는 충신동아 부모에는 효자동아
자장 자장 우리 아기 자장 자장 잘도 잔다

이 노래는 아기가 잘 자기를 바라며 불러 주던 노래예요. 아기를 재울 때 불렀던 노래로, 어린이보다는 아기를 재우던 할머니나 엄마가 사랑을 담아 불러 주었답니다.

둥개 둥개 둥개야 두둥 둥개 둥개야
날아가는 학선아 구름 밑에 신선아
얼름 밑에 수달피 썩은 나무에 부엉이
둥개 둥개 둥개야 두둥 둥개 둥개야

이 노래는 아기를 팔에 안고 흔들면서 어를 때 불러 주던 노래예요. 옛날에 부모님이 낮에 일을 나가시면 할머니나 누나가 아기를 많이 돌보았지요. 아기가 칭얼대거나 울 때 아기를 안고 노래를 불러 주면 아기는 울음을 멈추거나 잠이 들었답니다.

화목한 가족

"둘째 마당에서는 가족에 대한 여러 가지 글을
읽어 볼 거예요.
허리가 굽은 할머니가 창피했던 친구를 만나고,
가족이나 친척들을 부르는 이름을 알 수 있어요.
또한 가족 간에 다투지 않고 화목하게 지내야 하는
까닭과 엄마가 베트남 사람인 현빈이 이야기도
읽을 수 있어요.
주어진 글을 모두 읽고 나면 가족을 소중하게
여기는 마음이 더 커질 거예요."

부모님께

둘째 마당에서 다루고 있는 '화목한 가족'은 초등학교 1학년 슬기로운 생활 영역의 '가족 구성원 알아보기' 주제와 연관되어 있습니다. 이 주제는 가족의 의미를 알고 화목한 가족의 소중함을 이해할 수 있는 활동입니다. 가족은 사회의 가장 기본이 되는 단위로 사회에서 맺는 여러 가지 관계의 매우 중요한 바탕이 됩니다. 교재 학습을 통해 진정한 가족의 의미를 생각해 볼 수 있도록 지도해 주세요.

마당길잡이

교과영역	바른 생활	✔ 슬기로운 생활	즐거운 생활

순서	글감 제목	글감 내용	이렇게 읽어요
첫째 날	할머니의 지팡이 (이야기)	꼬부랑 할머니를 창피해하던 친구의 마음이 어떻게 변하는지 알아보아요.	인물의 마음이 어떻게 변하는지 주의하며 읽어요.
둘째 날	가족 이름을 불러요 (설명하는 글)	가족과 친척의 관계와 부르는 이름에 대해 알아보아요.	중요한 내용을 정리하며 읽어요.
셋째 날	화목한 가족이 좋아요 (생활문)	가족 간에 일어날 수 있는 일을 통해 화목한 가족의 소중함을 알아보아요.	글쓴에게 있었던 일이 무엇인지 파악하며 읽어요.
넷째 날	현빈이에게 (편지)	다문화 가정의 친구에게 쓴 편지를 읽고 특별한 가족 형태를 알아보아요.	글쓴이가 하고 싶은 말을 찾아보며 읽어요.
다섯째 날	다지기 마당	앞에서 공부한 내용을 다시 한 번 확인해 보아요.	
	놀이 마당	가족을 부르는 이름을 알아보는 O, X 퀴즈를 풀어 보아요.	
	정보 마당	가족 관계를 한눈에 볼 수 있는 '가족 관계도'를 알아보아요.	

할머니의 지팡이

우리 할머니의 별명은 '꼬부랑 할머니'예요.
허리가 굽으셔서 지팡이를 짚고 다니시거든요.
나는 꼬부랑 할머니인 우리 할머니가 창피해요.
친구들이 놀리니까요.

가끔 할머니가 좋을 때도 있어요.
나와 동생이 아이스크림을 사 먹고 싶을 때처럼요.
할머니는 바지 속주머니에 **꼬깃꼬깃** 접어 두었던
천 원짜리 두 장을 꺼내 주세요.
"아이고, 우리 아가들. 먹고 싶은 건 사 먹어야지."
나와 동생은 얼굴 가득 웃음을 담고 슈퍼마켓으로 달려가요.

꼬깃꼬깃 낱말쏙쏙
지저분하게 막 접혀진 모양을 흉내 내는 말이에요.

오늘도 할머니는 지팡이를 두드리며 동네 한 바퀴를 도세요.
친구들은 또 할머니를 보고 '꼬부랑 할머니'라고 놀려요.
나는 할머니와 마주치지 않으려고 멀리 돌아서 집으로 가요.

그런데 저녁때가 되어도 할머니께서 돌아오시지 않으셨어요.
엄마와 아빠가 할머니를 찾아 밖으로 나가셨어요.
나는 아까 할머니를 모시고 집으로 오지 않은 것이 **후회**되었어요.
다행히 엄마, 아빠와 함께 할머니께서 돌아오셨어요.
할머니께서 해가 지자 눈이 잘 안 보여서 집을 찾지 못하셨대요.
내일부터는 할머니의 지팡이가 되어야겠어요.

후회 낱말쏙쏙
잘못한 일을 반성하는 일을 말해요.

독해 연습

글의 내용을 생각하면서 문제를 풀어 보세요.

1 '나'의 할머니의 별명은 무엇인가요? 알맞은 답을 찾아 (   ) 안에 ○표 해 보세요.

꼬부랑 할머니 (   ) 호랑이 할머니 (   ) 뚱뚱보 할머니 (   )

2 '나'는 할머니가 언제 좋다고 하였나요? 바르게 말한 친구를 찾아 이름에 색칠해 보세요.

인아 소율 승리

3 할머니께서 동네 한 바퀴를 도실 때 '나'는 어떻게 하였나요? 바르게 말한 것을 찾아 색칠해 보세요.

친구들에게 할머니를 자랑했어요.

할머니의 손을 잡고 함께 걸었어요.

할머니와 마주치지 않으려고 멀리 돌아서 집으로 갔어요.

4 '나'는 할머니께 어떤 마음을 가졌나요? 언제 어떤 마음을 가졌는지 바르게 연결해 보세요.

친구들이 할머니를 놀릴 때 •	• 후회되었어요.
할머니께서 저녁때까지 돌아오시지 않으셨을 때 •	• 창피했어요.

어휘 연습

낱말의 뜻을 생각하면서 문제를 풀어 보세요.

낱말의 뜻 알기

1 다음 말에 어울리는 그림을 찾아 ○표 해 보세요.

꼬부랑 길

흉내 내는 말 알기

2 다음 그림에 어울리는 흉내 내는 말은 무엇인가요? 알맞은 말을 찾아 색칠 해 보세요.

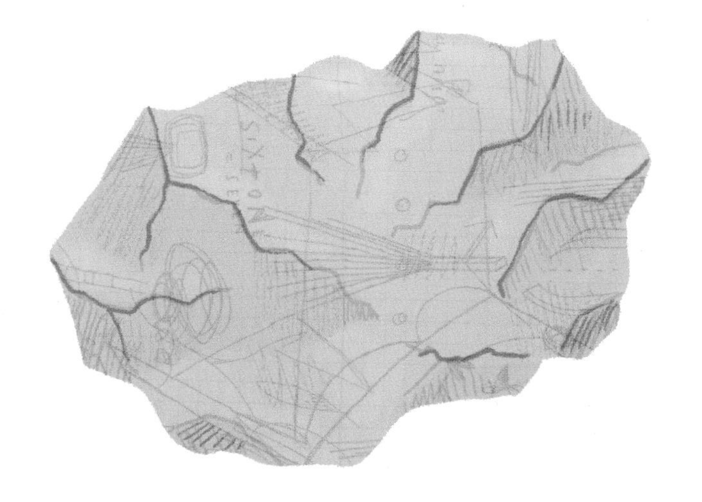

알록달록

꼬깃꼬깃

꼬불꼬불

수를 세는 단위 알기

3 돈을 셀 때 쓰는 단위는 무엇인가요? 알맞은 낱말을 찾아 색칠해 보세요.

마리	개	원

때를 나타내는 말 알기

4 다음 그림을 보고, 문장에 어울리는 말을 보기 에서 찾아 써 보세요.

☐☐이 되면 잠에서 깨요.

☐☐이 되면 친구들과 헤어져요.

보기 아침 점심 저녁

가족 이름을 불러요

우리 가족을 부르는 이름을 알아봐요.

나를 낳아 주신 분은 아버지와 어머니예요.
아버지는 아빠로, 어머니는 엄마로 부르기도 해요.
아버지와 어머니를 함께 부모님이라고 불러요.

나와 함께 아버지와 어머니에게 태어난 **형제**도 있어요.
남자 형제끼리는 형과 동생이라고 부르고,
여자 형제끼리는 언니와 동생이라고 불러요.
만약 남자와 여자가 형제라면, 오빠나 누나로 불러요.

> 낱말쏙쏙
> **형제**
> 한 부모에게서 태어난 자식들을 말해요. 흔히 남자 형제를 말하기도 하지만, 여기에서는 원래의 뜻으로 쓰였어요.

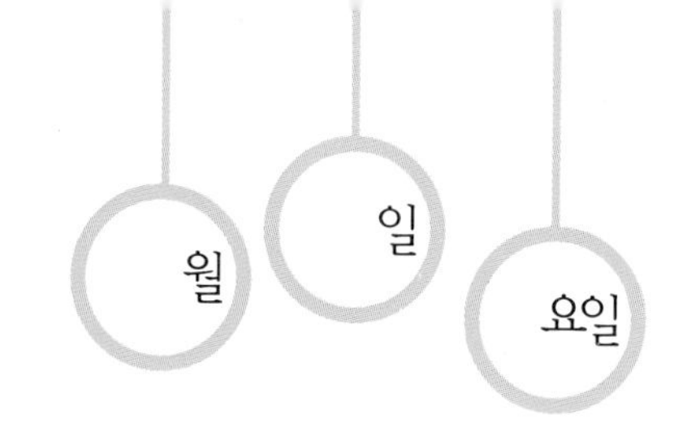

아버지를 낳아 주신 분은 할아버지와 할머니예요.
어머니를 낳아 주신 분은 외할아버지와 외할머니예요.

아버지와 어머니도 형제가 있어요.
아버지의 위로 태어난 남자 형제를 큰아버지라고 불러요.
아버지의 아래로 태어난 남자 형제를 작은아버지라고 불러요.
아버지의 여자 형제는 고모라고 불러요.
큰아버지, 작은아버지, 고모가 낳은 자식들은 나와 사촌이에요.
어머니의 남자 형제를 외삼촌이라고 불러요.
어머니의 여자 형제를 이모라고 불러요.
외삼촌과 이모가 낳은 자식들은 나와 외사촌이에요.

독해 연습

글의 내용을 생각하면서 문제를 풀어 보세요.

1 이 글은 무엇에 대해 쓴 글인가요? 바르게 말한 친구를 찾아 (   ) 안에 ○표 해 보세요.

(   )　(   )　(   )

2 '나'와 함께 태어난 형제를 부르는 이름을 모두 골라 색칠해 보세요.

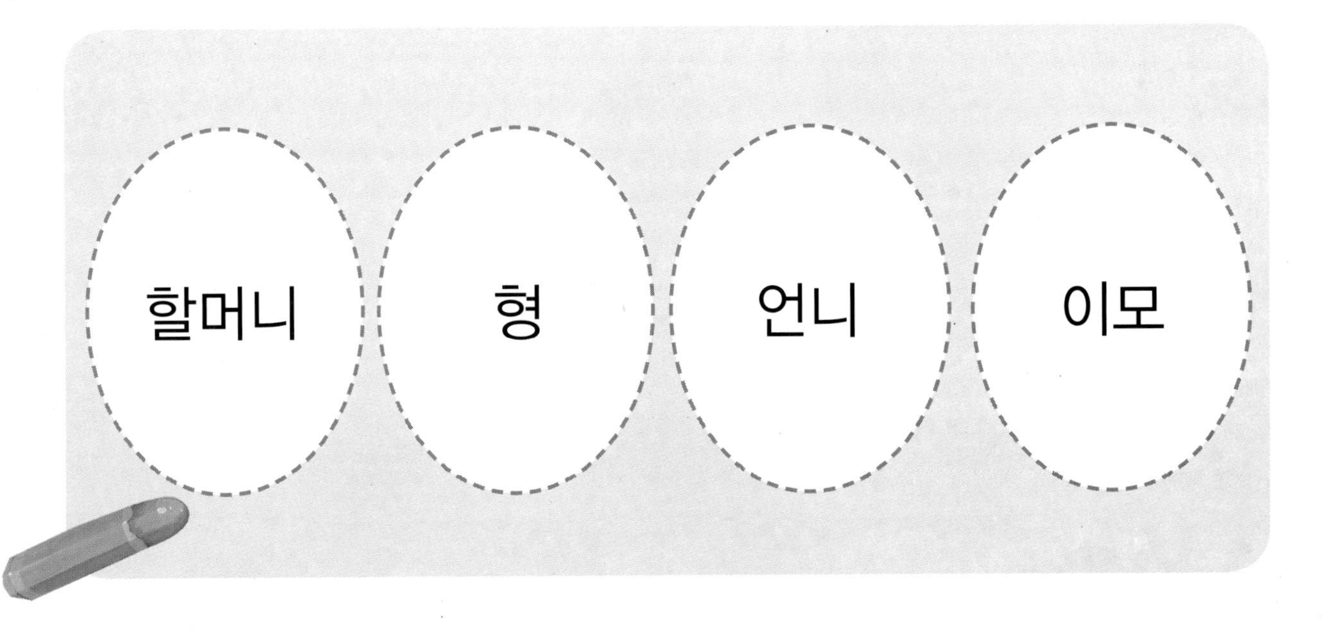

3 다음 친구가 말하는 가족은 누구인가요? 알맞은 이름을 보기 에서 찾아 써 보세요.

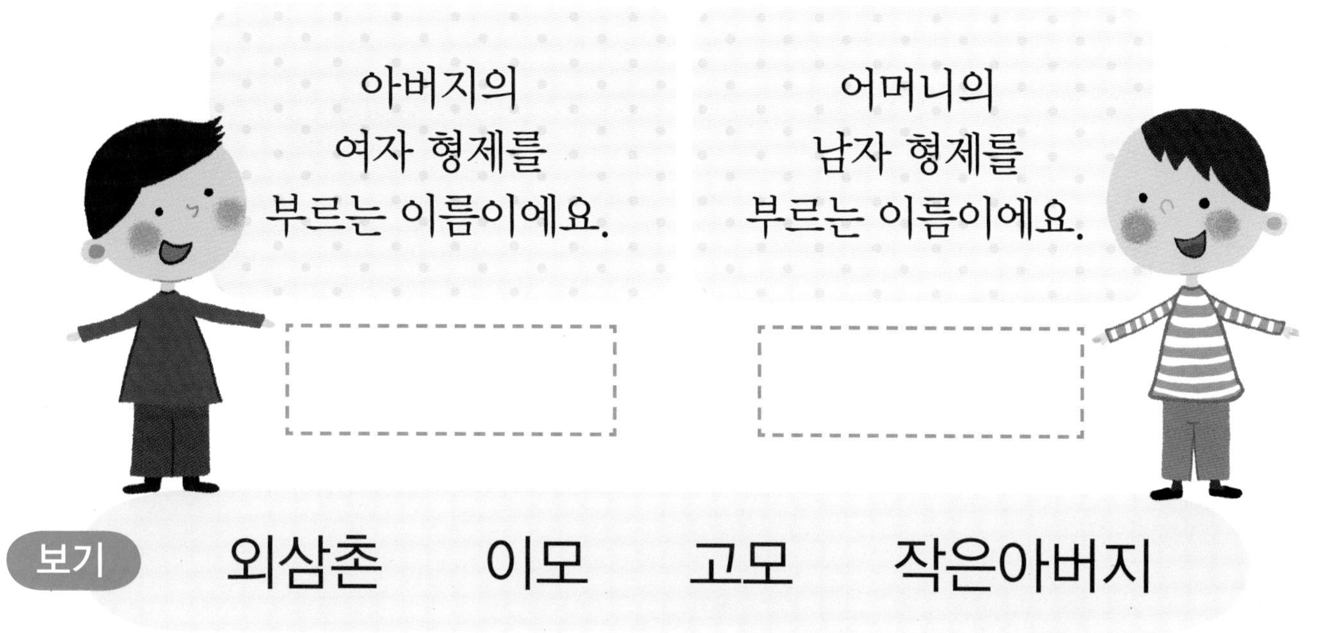

보기 외삼촌 이모 고모 작은아버지

4 다음 중에서 가족을 부르는 이름을 모두 찾아 ○표 해 보세요.

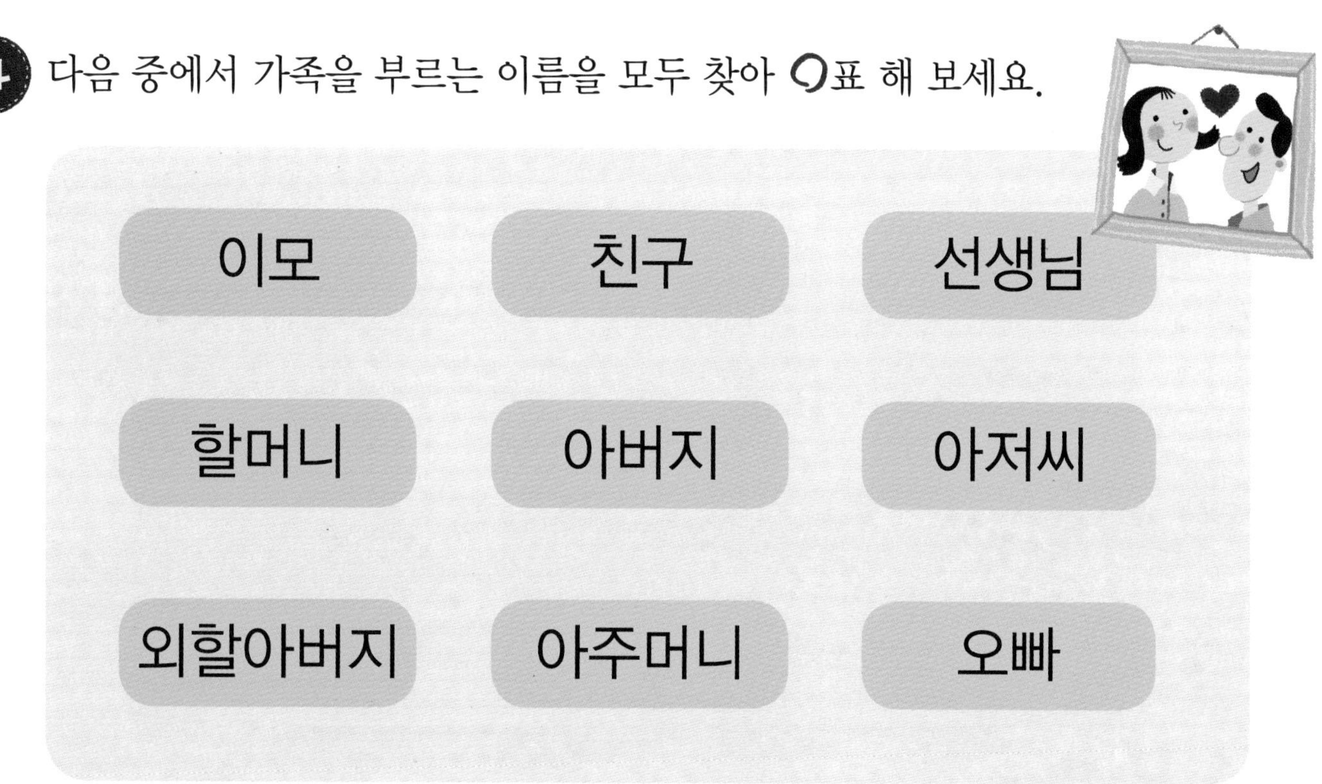

어휘 연습 낱말의 뜻을 생각하면서 문제를 풀어 보세요.

사람을 가리키는 말 알기

1 다음 그림에 알맞은 낱말을 보기에서 찾아 써 보세요.

보기 남자 여자

포함하는 말 알기

2 그림 속 사람들을 한 낱말로 부르는 이름을 찾아 ○표 해 보세요.

엄마와 아빠

부모님 선생님

형과 동생

친구 형제

상태를 나타내는 말 알기

3 그림 속 친구의 표정에 어울리는 낱말을 찾아 색칠해 보세요.

쉽다	어렵다

문장의 뜻 알기

4 다음 문장에 어울리는 그림을 찾아 ○표 해 보세요.

우리 집 개가 강아지를 낳았어요.

화목한 가족이 좋아요

엄마와 아빠가 다투면 우리 집은 아주 조용해요.
엄마는 머리에 하얀 수건을 두르고 누워 있어요.
아빠는 우리에게 뽀뽀도 안 해 주고 출근해요.
누나와 나는 엄마한테 혼날까 봐 조심조심해요.

저녁에 아빠가 엄마에게 사과를 해요.
꽃다발도 선물해 주어요.
엄마 얼굴에 환한 웃음꽃이 피어요.
우리 집은 시끌벅적 **수다** 꽃이 피어요.

낱말쏙쏙
수다
말이 많은 것을 말해요.

누나와 내가 다투면 우리 집은 아주 조용해요.
엄마는 무서운 얼굴을 하고 우리에게 벌을 세워요.
누나와 나는 팔이 아파 서로를 흘겨 봐요.
점점 팔이 아파지면 괜히 다투었나 후회도 되어요.

벌을 다 받고나면 엄마는 누나와 나에게 **화해**하라고 말해요.
누나는 못 이기는 척 미안하다고 사과해요.
나는 누나보다 더 미안하다고 사과해요.
누나, 우리 다시는 다투지 말자.

낱말쏙쏙

화해
다투던 것을 멈추고 서로 좋은 마음을 갖는 것을 말해요.

독해 연습

글의 내용을 생각하면서 문제를 풀어 보세요.

1 '나'의 집이 아주 조용해지는 때를 모두 찾아 (   ) 안에 ○표 해 보세요.

엄마와 아빠가 다툴 때

(   )

누나와 내가 다툴 때

(   )

강아지와 고양이가 다툴 때

(   )

2 엄마는 아빠에게 어떤 선물을 받고 환한 웃음꽃을 피웠나요? 알맞은 것을 찾아 색칠해 보세요.

3 '나'와 누나가 다투면 엄마는 어떻게 하시나요? 바르게 말한 친구를 찾아 (　　) 안에 ○표 해 보세요.

(　　)　(　　)　(　　)

4 '나'는 어떤 가족이 좋다고 하였나요? 알맞은 답을 찾아 ○표 해 보세요.

잘 먹는 가족

다투는 가족

화목한 가족

어휘 연습

낱말의 뜻을 생각하면서 문제를 풀어 보세요.

동작을 나타내는 말 알기

1 다음 낱말에 어울리는 그림을 찾아 ○표 해 보세요.

다투다

상황에 어울리는 꾸며 주는 말 알기

2 다음 그림에 어울리는 낱말을 찾아 (   ) 안에 ○표 해 보세요.

영우가 (시끌벅적 / 조심조심) 걸어가요.

셋째 날

같은 낱말의 여러 가지다른 뜻 알기

3 다음 그림을 보고, [ ] 안에 공통으로 들어갈 수 있는 말을 보기 에서 찾아 써 보세요.

누나와 내가 [ ]을 받아요.

[ ]이 꽃 주위를 날아다녀요.

보기 벌 뿔 발

낱말을 순서대로 넣어 문장 완성하기

4 다음 주어진 낱말들을 순서대로 써 넣어 한 문장을 만들어 보세요.

우리는	좋아요.	가족이	화목한

우리는			

현빈이에게

현빈아, 안녕?
오늘은 너에게 사과를 하고 싶어서 편지를 쓰게 되었어.
처음에 널 보았을 때 나와 친구들은 깜짝 놀랐어.
한국 이름을 가졌는데, 얼굴은 한국 사람 같지 않았거든.
그래서 우리는 너한테 쉽게 **다가가지** 못했지.
네가 베트남인 엄마와 한국인 아빠 사이에서 태어났다는 걸 알고,
우리는 네가 우리와 다른 나라 사람이라고 생각했어.
네가 우리말을 잘 못하고 한글도 잘 못 읽어서 더 그랬어.
그래서 '짬뽕'이라고 놀리기도 했어.

낱말쏙쏙
다가가지 (다가가다)
어떤 쪽으로 가까이 가는 것을 말해요.

그래도 너는 항상 웃는 얼굴로 우리에게 다가왔어.
우리가 놀려도 웃고, 우리가 못 본 척해도 웃고.
그런 네가 이상한 아이라고 생각했어.
그런데 네가 놀이터에서 다친 수진이를 도와주는 걸 보고
마음이 참 착한 친구라고 생각했어.
그리고 네가 우리처럼 한국인 부모님 사이에서 태어나지 않았어도
우리와 똑같은 한국 사람이라는 것을 알게 되었어.
나는 앞으로 너랑 친하게 지내고 싶어.
이번 **발표회** 때 우리 함께 한복을 입고 노래하지 않을래?
생긴 모습이 조금 달라도 우리는 친구니까.
그럼, 다음에 또 편지 쓸게. 안녕.

20○○년 ○○월 ○○일
친구 수호가

> **발표회** 낱말쏙쏙
> 여러 사람 앞에서 노래나 춤 등을 보여 주는 것을 말해요.

독해 연습

글의 내용을 생각하면서 문제를 풀어 보세요.

1 이 글은 어떤 글인가요? 바르게 말한 친구를 찾아 (   ) 안에 ○표 해 보세요.

수호가 현빈이와 있었던 일을 쓴 일기예요.

(   )

수호와 현빈이의 우정에 대해 쓴 동화예요.

(   )

수호가 현빈이에게 친하게 지내자고 쓴 편지예요.

(   )

2 현빈이는 어떤 친구인가요? 현빈이에 대해 바르게 말한 것을 모두 찾아 ◯ 안에 색칠해 보세요.

- 한글을 매우 잘 읽어요.
- 엄마가 베트남 사람이에요.
- 놀이터에서 다친 친구를 도와주었어요.

3 현빈이는 친구들이 놀리거나 못 본 척하면 어떤 표정을 지었나요? 알맞은 표정을 찾아 (　　　) 안에 ○표 해 보세요.

(　　　)

(　　　)

(　　　)

4 수호가 현빈이에게 하고 싶은 말은 무엇인가요? 바르게 말한 답을 찾아 색칠해 보세요.

현빈아, 우리 앞으로 친하게 지내자.

현빈아, 앞으로 바보처럼 행동하지 마.

현빈아, 한글 공부 좀 많이 해라.

어휘 연습

낱말의 뜻을 생각하면서 문제를 풀어 보세요.

문장에 어울리는 낱말 알기

1 다음 문장에 어울리는 낱말을 찾아 (   ) 안에 ○표 해 보세요.

나와 친구들은 (반짝 / 깜짝) 놀랐어.

우리는 너한테 (쉽게 / 어렵게) 다가가지 못했지.

우리나라와 관계있는 말 알기

2 우리나라를 대표하는 것과 그것에 대한 설명을 찾아 바르게 연결해 보세요.

한글 •	• 우리나라 고유의 문자예요.
한복 •	• 우리나라 고유의 옷이에요.

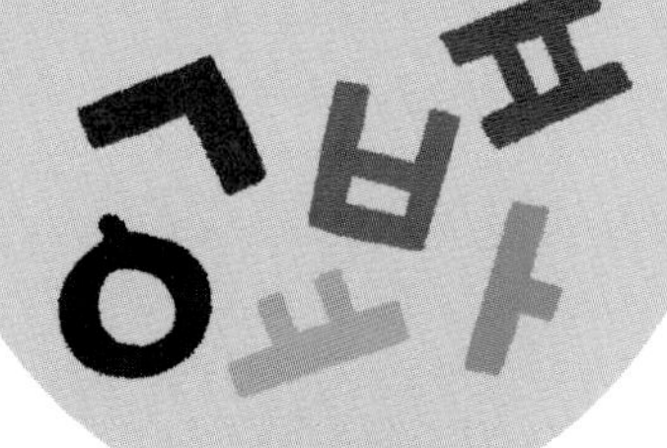

상태를 나타내는 말 알기

3 다음 두 그림에 모두 어울리는 낱말을 찾아 색칠해 보세요.

다르다	똑같다	틀리다

꾸며 주는 말을 넣어 문장 완성하기

4 다음 그림을 보고, 문장에 어울리는 말을 보기 에서 찾아 써 보세요.

현빈이가 ☐☐ 수진이를 도와주었어요.

보기 착한 다친 웃는

'다지기 마당'은 이번 마당에서 읽은 글을 다시 한 번 읽어 보면서 독해력과 어휘력을 다지는 시간입니다. 글과 문제를 꼼꼼히 읽고, 알맞은 답을 찾아보세요.

다음 글을 읽고, 물음에 답해 보세요.

우리 할머니의 별명은 '꼬부랑 할머니'예요.
허리가 굽으셔서 지팡이를 짚고 다니시거든요.
나는 꼬부랑 할머니인 우리 할머니가 창피해요.
친구들이 놀리니까요.

1 우리 할머니 별명이 '꼬부랑 할머니'인 까닭은 무엇인가요? 알맞은 답을 찾아 ◌ 안에 ○표 해 보세요.

- 한국어보다 영어를 더 잘해서 ( )
- 허리가 굽어서 지팡이를 짚고 다녀서 ( )
- 꼬불꼬불한 모양의 지팡이를 가지고 있어서 ( )

2 다음 그림에서 인형을 안고 있는 친구의 얼굴 표정과 어울리는 낱말을 찾아 색칠해 보세요.

창피해요
씩씩해요
이상해요

다음 글을 읽고, 물음에 답해 보세요.

나와 함께 아버지와 어머니에게 태어난 형제도 있어요.
남자 형제끼리는 형과 동생이라고 부르고,
여자 형제끼리는 언니와 동생이라고 불러요.
[　　　] 남자와 여자가 형제라면, 오빠나 누나로 불러요.
아버지를 낳아 주신 분은 할아버지와 할머니예요.
어머니를 낳아 주신 분은 외할아버지와 외할머니예요.

3 아버지를 낳아 주신 분이 <u>아닌</u> 사람은 누구인가요? 알맞은 답을 찾아 ○표 해 보세요.

4 이 글 속 [　] 안에 들어갈 말은 무엇인가요? 알맞은 것을 찾아 ○표 해 보세요.

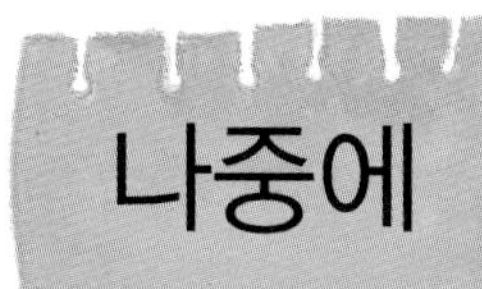

만약

다음 글을 읽고, 물음에 답해 보세요.

저녁에 아빠가 엄마에게 사과를 해요.
꽃다발도 선물해 주어요.
엄마 얼굴에 환한 웃음꽃이 피어요.
우리 집은 시끌벅적 수다 꽃이 피어요.

5 이 글에 어울리는 가족의 모습을 찾아 (   ) 안에 ○표 해 보세요.

(   ) (   ) (   )

6 다음 문장을 보고 알 수 있는 엄마의 표정은 어떠한가요? 알맞은 표정을 찾아 색칠해 보세요.

엄마 얼굴에 환한 웃음꽃이 피어요.

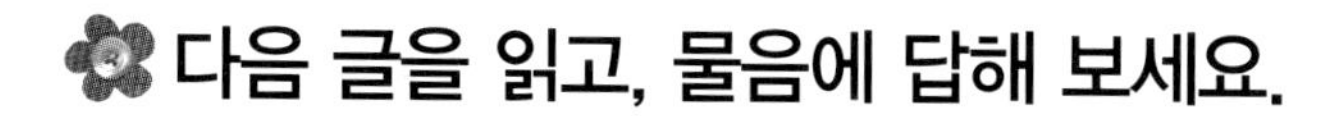

다음 글을 읽고, 물음에 답해 보세요.

네가 베트남인 엄마와 한국인 아빠 사이에서 태어났다는 걸 알고,
우리는 네가 우리와 다른 나라 사람이라고 생각했어.
네가 우리말을 잘 못하고 한글도 잘 못 읽어서 더 그랬어.
그래서 '짬뽕'이라고 놀리기도 했어.

7 밑줄 친 부분처럼 친구를 '짬뽕'이라고 놀린 까닭을 모두 찾아 ○표 해 보세요.

- 베트남인 엄마와 한국인 아빠 사이에서 태어나서
- 자장면보다 짬뽕을 좋아해서
- 부모님이 중국 음식점을 해서
- 우리말을 잘 못하고 한글도 잘 못 읽어서

8 다음 문장에 어울리는 낱말을 보기 에서 찾아 써 보세요.

나는 미국인 아빠와 중국인 엄마 [|] 에서 태어났어요.

보기 사이 동안 혼자

가족을 부르는 이름을 알아요

알맞은 가족 이름을 찾아보는 O, X 퀴즈예요.

카드에 적힌 퀴즈 문제를 읽고 맞으면 O에, 틀리면 X에 동그라미를 하세요. 그리고 X에 동그라미를 한 카드의 가족 이름을 바르게 고쳐 보세요.

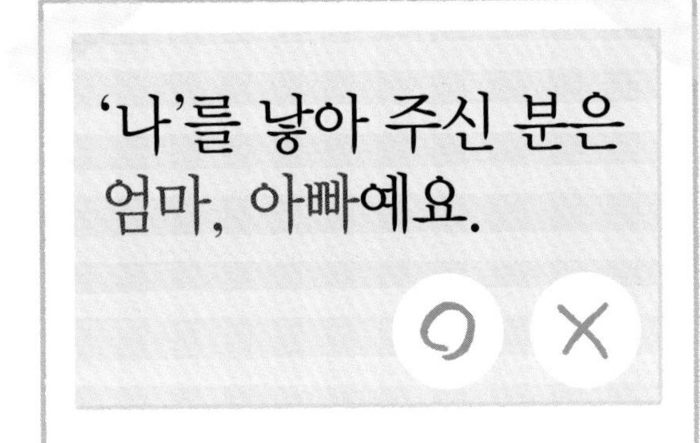

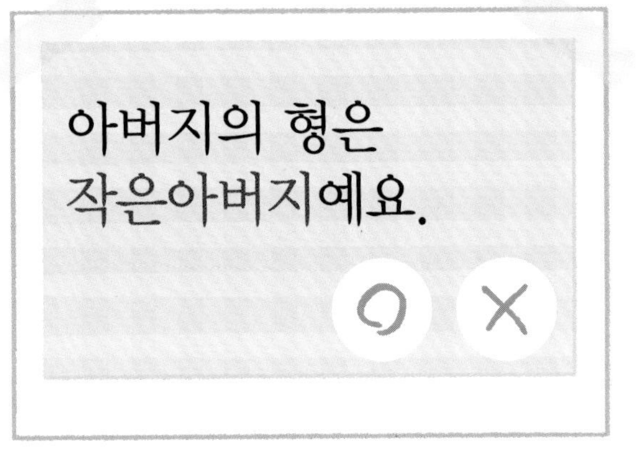

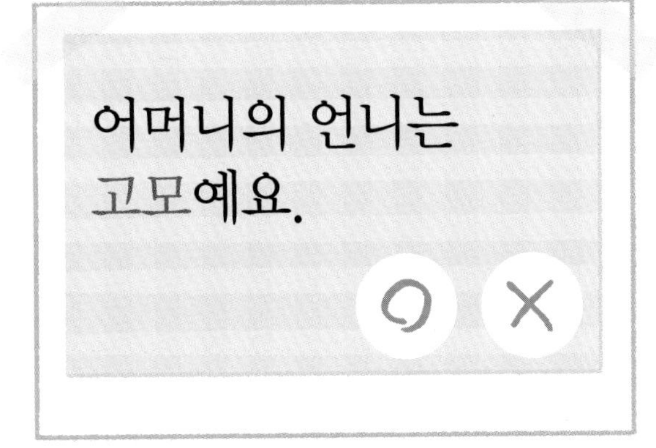

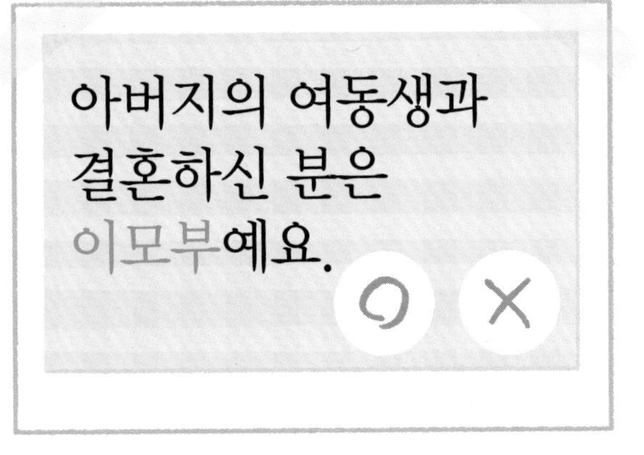

어머니의 남동생과
결혼하신 분은
외숙모예요.
O X

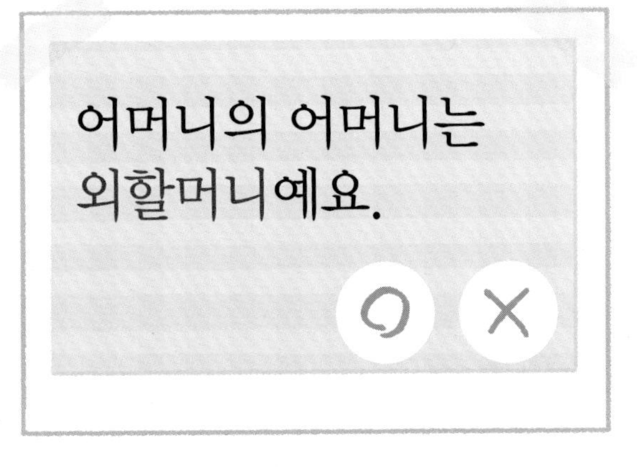

가족 관계도를 활용해요

가족 관계를 한눈에 알아보고 싶을 때에는 '가족 관계도'를 그려서 활용해 보아요.

가족 또는 친척 관계, 호칭(가족, 친척을 부르는 이름)이 어려울 때 아래에서 보여 준 예처럼 '가족 관계도'를 그려 보면, 가족 관계를 쉽게 알 수 있어요.

그리는 방법

1. 가장 위에 할아버지와 할머니를 그려요.
2. 할아버지와 할머니 사이에서 태어난 아버지 형제를 그려요.
3. 아버지 형제가 결혼을 해서 낳은 자식을 그려요.

★외가쪽 그림도 같은 방법으로 그려요.

올바른 생활 습관

"셋째 마당에서는 올바른 생활 습관에 대한
글을 읽어 볼 거예요.
먼저 정리하기를 정말 싫어하는 진주와 방학 동안
늦잠을 자려던 소담이를 만날 수 있어요.
그리고 어렸을 때 우유와 당근을 싫어했던
두 할아버지의 재미있는 이야기도 들어보고,
책을 읽으면 어떤 점이 좋은지도 알 수 있어요.
주어진 글을 모두 읽고 나면 올바른 생활 습관이
왜 필요한지 알게 될 거예요."

부모님께

셋째 마당에서 다루고 있는 '올바른 생활 습관'은 초등학교 1, 2학년의 바른 생활 영역의 여러 주제와 연관되어 있습니다. 올바른 생활 습관은 학습으로 습득되는 것이 아니라 평소의 생활에서 자연스럽게 익히게 되는 경우가 더 많습니다. 교재 학습과 더불어 가정에서 올바른 생활 습관을 가질 수 있도록 지도해 주시면 학습 효과를 높이는 데 큰 도움이 될 것입니다.

마당길잡이

교과영역	바른 생활 ✔	슬기로운 생활	즐거운 생활

순서	글감 제목	글감 내용	이렇게 읽어요
첫째 날	꿈속 나라 파티 (이야기)	정리하기를 싫어하는 진주가 정리를 잘하겠다고 결심하게 되는 과정을 알아보아요.	인물의 마음이 어떻게 변하는지 주의하며 읽어요.
둘째 날	소담이의 일기 (일기)	방학을 맞아 늦잠을 잤던 소담이가 어떤 생각을 하게 되는지 알아보아요.	인물의 마음이 변하게 된 까닭을 생각하며 읽어요.
셋째 날	두 할아버지의 이야기 (이야기)	두 할아버지 이야기를 통해 올바른 식습관의 필요성에 대해 알아보아요.	글의 중심 내용을 파악하며 읽어요.
넷째 날	책을 읽어요 (주장하는 글)	책을 읽으면 어떤 점이 좋은지 알아보아요.	글쓴이의 의견과 까닭을 이해하며 읽어요.
다섯째 날	다지기 마당	앞에서 공부한 내용을 다시 한 번 확인해 보아요.	
	놀이 마당	생활 습관과 관련된 O, X 퀴즈를 풀어 보아요.	
	정보 마당	'걸어 다니는 시계'로 알려진 칸트에 대하여 알아보아요.	

첫째날

글을 읽어요

꿈속 나라 파티

진주는 정리하는 게 가장 싫어요.
엄마는 인형 놀이를 하고 나면,
"진주야, 인형 제자리에 두어야지."
블록 쌓기를 하고 나면,
"진주야, 블록들을 상자에 넣으렴."
소꿉놀이를 하고 나면,
"진주야, 장난감들 바구니에 안 넣어 두면 다 버린다."
하고 진주에게 잔소리를 해요.
오늘 진주는 인형 놀이, 블록 쌓기, 소꿉놀이를 하고 나서
그냥 이불 속으로 쏘옥 들어가서 잠을 잤어요.
엄마가 **잔소리**하기 전에 얼른 자는 척을 하려고요.

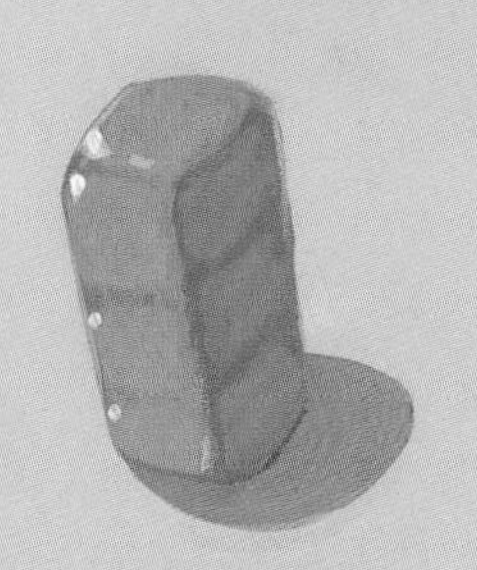

낱말쏙쏙

잔소리
듣기 싫은 말로 꾸짖는 것을 말해요.

월 일 요일

꿈속 나라에 파티가 열렸어요.
인형들이 예쁜 드레스를 입고 춤을 추고 있어요.
블록들은 줄을 맞춰서 행진을 하고 있어요.
소꿉들은 맛있는 음식을 담아 손님들을 맞고 있어요.
그런데 파티가 끝날 즈음에 큰일이 났어요.
인형들은 어디로 가야 할지 몰라 울고 있어요.
블록들도 어디로 가야 할지 몰라 우왕좌왕하고 있어요.
소꿉들도 들어갈 바구니를 찾지 못해 슬퍼하고 있어요.
진주는 걱정을 하며 잠에서 깼어요.
'후유, 꿈이었구나!
앞으로는 내 장난감들을 꼭 제자리에 넣어 두어야지.'

우왕좌왕 낱말쏙쏙
어디로 갈지 몰라
왔다갔다 하는 것을 말해요.

독해 연습

글의 내용을 생각하면서 문제를 풀어 보세요.

1 진주가 가장 싫어하는 것은 무엇인가요? 바르게 말한 친구를 찾아 (   ) 안에 ○표 해 보세요.

(   )

(   )

(   )

2 진주가 정리를 하지 않으면 누가 잔소리를 하나요? 알맞은 사람을 찾아 색칠해 보세요.

아빠

언니

엄마

3 진주의 꿈속에서 파티를 하는 장난감들은 무엇을 하였나요? 바르게 연결해 보세요.

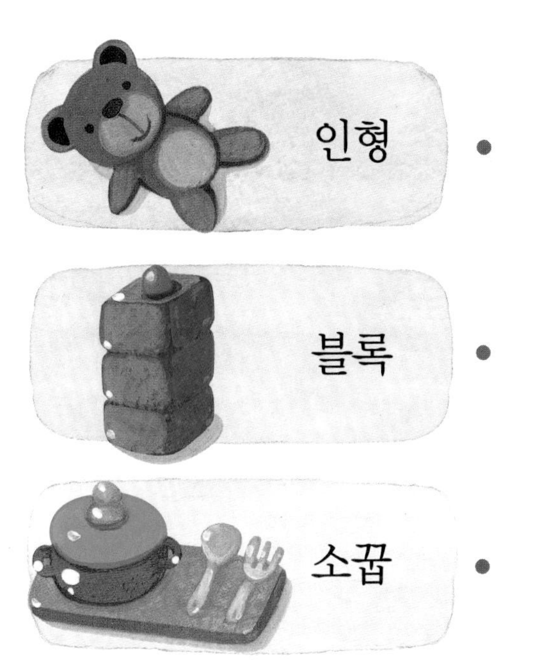

- 맛있는 음식을 담아 손님들을 맞았어요.
- 예쁜 드레스를 입고 춤을 추었어요.
- 줄을 맞춰서 행진을 했어요.

4 잠에서 깬 진주는 어떤 생각을 하였나요? 바르게 말한 것을 찾아 색칠해 보세요.

앞으로는 장난감을 가지고 놀지 말아야지.

앞으로는 장난감을 더 잘 가지고 놀아야지.

앞으로는 장난감을 제자리에 넣어 두어야지.

어휘 연습

낱말의 뜻을 생각하면서 문제를 풀어 보세요.

행동을 표현한 말 알기

1 다음 그림에 어울리는 말을 찾아 색칠해 보세요.

여기저기	우왕좌왕	옹기종기

모양을 흉내 내는 말 알기

2 다음 그림을 보고, 어울리는 말을 찾아 (   ) 안에 ○표 해 보세요.

생쥐가 구멍 속으로 (꾸욱 / 쏘옥) 들어갔어요.

문장에 어울리는 낱말 알기

3 다음 그림 속 물건들을 모두 포함할 수 있는 말을 찾아 색칠해 보세요.

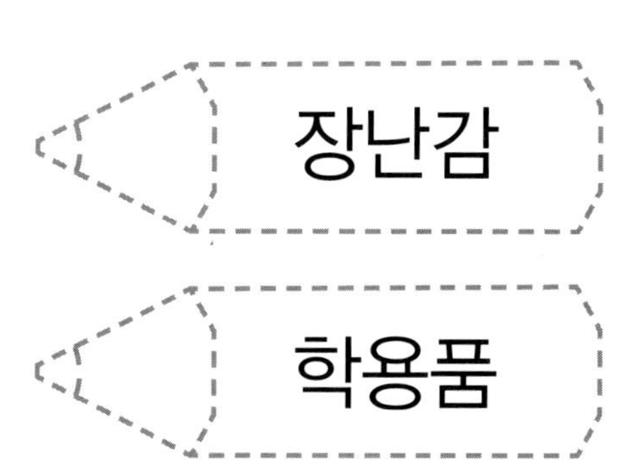

문장 완성하기

4 다음 그림을 보고, 문장에 어울리는 말을 보기 에서 찾아 써 보세요.

진주가 잠을 ☐☐.

진주가 잠에서 ☐☐.

보기 자요 깨요

둘째날

글을 읽어요

소담이의 일기

20○○년 ○○월 ○○일 날씨: 맑음

방학 첫날, 나는 아침 열 시까지 잠을 잤다.
늦잠을 잘 수 있다니 정말 신이 났다.
부스스 잠에서 깬 나는 늦은 아침밥을 먹었다.
아빠와 엄마, 동생은 이미 아침밥을 먹은 뒤였다.
혼자서 밥을 먹으려니 밥맛이 없었다.
겨우 밥을 몇 숟가락 먹고 나서 놀이터로 나갔다.

부스스 낱말쏙쏙
누웠거나 앉았다가 느리게 일어나는 모양을 흉내 내는 말이에요.

그런데 놀이터에 가니 친구들이 한 명도 없었다.
모두 점심밥을 먹으러 집에 간 것이다.
나는 혼자서 그네도 타고 미끄럼틀도 탔다.
혼자서 노니 심심하고 재미가 없었다.
'에이, 늦잠을 자니 하루 종일 혼자네?'
나는 방학이라고 늦잠을 잔 것을 후회하였다.
터덜터덜 집으로 돌아오니 엄마께서 한마디 하셨다.
"그러니까 방학이라도 규칙적인 생활을 해야지."
나는 내일부터는 일찍 일어나서 규칙적인
생활을 해야겠다고 다짐했다.

터덜터덜 낱말쏙쏙
지쳐서 느릿느릿하게 힘없이 걷는 소리나 모양을 흉내 내는 말이에요.

독해 연습

글의 내용을 생각하면서 문제를 풀어 보세요.

1 이 글은 어떤 글인가요? 알맞은 답을 말한 친구를 찾아 (　　　) 안에 ○표 해 보세요.

고마운 사람에게 마음을 전하는 편지예요.

하루 동안의 일 중에서 인상 깊었던 일을 쓴 일기예요.

상상한 일을 재미있게 꾸며 쓴 이야기예요.

(　　　)　(　　　)　(　　　)

2 이 글의 '나'는 몇 시에 일어났나요? 알맞은 답을 찾아 색칠해 보세요.

아홉 시	열 시	열한 시

3 이 글의 '나'가 놀이터에서 본 모습은 무엇인가요? 알맞은 그림을 찾아 (   ) 안에 ○표 해 보세요.

(   ) (   ) (   )

4 이 글의 '나'가 규칙적인 생활을 해야겠다고 생각한 까닭은 무엇인가요? 알맞은 답을 말한 친구를 모두 찾아 (   ) 안에 ○표 해 보세요.

늦게 일어나서 혼자 밥을 먹으니 밥맛이 없었기 때문이에요.

(   )

놀이터에 갔는데 친구들이 한 명도 없었기 때문이에요.

(   )

늦게 일어나서 가족들과 놀지 못했기 때문이에요.

(   )

어휘 연습 낱말의 뜻을 생각하면서 문제를 풀어 보세요.

상황에 어울리는 표현 알기

1 다음 그림에 어울리는 말은 무엇인가요? 알맞은 말을 찾아 색칠해 보세요.

으스스	부스스	빙그레

꾸며 주는 말 알기

2 다음 문장에 어울리는 낱말을 찾아 (   ) 안에 ○표 해 보세요.

아픈 동생은 (겨우 / 절대) 밥을 먹었습니다.

방학을 하니 (정말 / 겨우) 신이 납니다.

흉내 내는 말 알기

3 다음 흉내 내는 말에 어울리는 그림을 찾아 ○표 해 보세요.

뚜벅뚜벅

문장 완성하기

4 다음 그림을 보고, 문장에 어울리는 말을 보기 에서 찾아 써 보세요.

수아는 ☐☐☐

노니까 재미가 없었어요.

보기 여럿이 혼자서

셋째날

글을 읽어요

두 할아버지의 이야기

키가 아주 작은 할아버지께서 이야기를 들려주고 있어요.
"옛날에 말이다. 우유를 **몰래** 버릴 정도로
우유를 싫어하는 아이가 있었단다.
너희들, 우유가 얼마나 몸에 좋은지 아니?
우유는 키가 크게 해 주고, 몸도 건강하게 해 준단다.
그런데 어릴 때 우유를 싫어했던 그 아이는 어떻게 되었을까?
쯧쯧, 그 아이는 어른이 되어도 키가 자라지 않아서
아이들이 항상 '꼬마 할아버지'라고 놀려 대곤 한다지 뭐니?"

"할아버지, 할아버지! 혹시 그 아이가 할아버지 아니세요?"
"글쎄다, 허허허."

낱말쏙쏙

몰래
남이 모르게 살짝이라는 뜻이에요.

눈이 아주 나쁜 할아버지께서 이야기를 들려주고 있어요.
"옛날에 말이다. 당근만 쏙쏙 **골라내고** 먹을 정도로
당근을 싫어하는 아이가 있었단다.
너희들, 당근이 얼마나 몸에 좋은지 아니?
당근은 눈이 좋아지게 해 주고, 몸도 튼튼하게 해 준단다.
그런데 어릴 때 당근을 싫어했던 그 아이는 어떻게 되었을까?
쯧쯧, 그 아이는 어른이 되어 눈이 나빠져서
무거운 돋보기안경을 쓰고 다닌다지 뭐니?"

"할아버지, 할아버지! 혹시 그 아이가 할아버지 아니세요?"
"글쎄다, 허허허."

낱말쏙쏙

골라내고 (골라내다)
여럿 가운데서 어떤 것을 고르는 것을 말해요.

독해 연습

글의 내용을 생각하면서 문제를 풀어 보세요.

1 두 이야기를 들려주고 있는 사람은 누구인가요? 알맞은 사람을 모두 찾아 (　　) 안에 ○표 해 보세요.

키가 작은 할아버지	돋보기안경을 쓴 할아버지	뚱뚱한 할아버지
(　　)	(　　)	(　　)

2 우유가 어린이에게 꼭 필요한 까닭은 무엇인가요? 알맞은 답을 모두 찾아 ○ 안에 색칠해 보세요.

눈이 좋아지게 해 주어요.	키가 크게 해 주어요.	몸을 건강하게 해 주어요.
○	○	○

3 어릴 때 당근을 싫어했던 아이는 어떻게 되었나요? 바르게 대답한 친구를 찾아 (　　　) 안에 ○표 해 보세요.

키가 자라지 않았어요.

(　　　)

눈이 나빠졌어요.

(　　　)

뚱뚱해졌어요.

(　　　)

4 두 할아버지께서 말씀하시고 싶은 것은 무엇일까요? 알맞은 답을 찾아 바르게 연결해 보세요.

키가 아주 작은 할아버지 •	• 당근을 골라내지 말고 먹어야 한다.
눈이 아주 나쁜 할아버지 •	• 우유를 싫어하더라도 꼭 먹어야 한다.

어휘 연습

낱말의 뜻을 생각하면서 문제를 풀어 보세요.

상황에 어울리는 표현 알기

1 다음 그림에 어울리는 말은 무엇인가요? 알맞은 말을 찾아 색칠해 보세요.

호호호

허허허

낄낄낄

반대말 알기

2 다음 그림을 보고, 밑줄 친 낱말과 반대되는 뜻의 낱말을 찾아 ○표 해 보세요.

아이가 김치를 좋아해요.

싫어해요　　기뻐해요

상태를 나타내는 말 알기

3 다음 그림에 어울리는 낱말을 찾아 (   ) 안에 ○표 해 보세요.

괴물이 (가벼운 / 무거운) 바위를 들고 있어요.

낱말을 순서대로 넣어 문장 완성하기

4 다음 주어진 낱말들을 순서대로 써 넣어 한 문장을 만들어 보세요.

싫어하는	우유를	있었어요.	아이가
우유를			

넷째날

글을 읽어요

책을 읽어요

어린이 여러분은 책 읽는 것을 좋아하나요?
혹시 컴퓨터 게임을 하거나 텔레비전 보는 것을
더 좋아하지는 않나요?
지금부터 여러분에게 책을 읽으면 좋은 점을 알려 줄게요.
첫째, 책을 읽으면 많은 **지식**을 얻을 수 있어요.
책 속에는 동물이나 식물, 음식, 세계의 모습 등
다양한 정보들이 들어 있으니까요.
개구리의 앞 발가락이 몇 개인지도 알 수 있고,
세계에서 가장 긴 강도 알 수 있어요.

낱말쏙쏙

지식
어떤 것을 알게 된 것을
말해요.

둘째, 책을 읽으면 친구를 생각하는 마음이 넓어져요.
책 속에는 여러분과 다르게 살고 있는
친구들의 모습이 담겨 있으니까요.
거짓말을 해서 부모님께 자주 혼나는 친구를 만날 수 있고,
아픈 할머니를 **보살펴** 드리는 친구도 만날 수 있어요.
어때요? 책을 읽으면 좋은 것이 많지요?
앞으로는 책을 많이 읽어서 지식도 얻고
친구들의 마음도 생각할 수 있는 어린이가 되어 보세요.

낱말쏙쏙

보살펴(보살피다) 정성스럽게 도와주고 보호하는 것을 말해요.

독해 연습

글의 내용을 생각하면서 문제를 풀어 보세요.

1 이 글은 무엇에 대하여 쓴 글인가요? 바르게 말한 친구를 찾아 (　　　) 안에 ○표 해 보세요.

컴퓨터 게임을 하면 좋은 점에 대하여 말하고 있어요.

(　　　)

텔레비전을 보면 좋은 점에 대하여 말하고 있어요.

(　　　)

책을 읽으면 좋은 점에 대하여 말하고 있어요.

(　　　)

2 이 글에서 말한 내용과 맞으면 ◌ 안에 ○표, 틀리면 ✕표 해 보세요.

- 책속에는 다양한 정보들이 들어 있어요. ( )
- 책을 읽는 것은 컴퓨터 게임을 하는 것보다 재미없어요. ( )
- 우리는 책을 통해 여러 친구들을 만날 수 있어요. ( )

3 이 글에서는 책을 읽으면 어떤 점이 좋다고 하였나요? 알맞은 답을 모두 찾아 색칠해 보세요.

책을 읽으면 친구를 생각하는 마음이 넓어져요.

책을 읽으면 많은 지식을 얻을 수 있어요.

책을 읽으면 부모님께 칭찬을 들어요.

4 이 글을 쓴 사람이 말하고 싶은 것은 무엇인가요? 보기 에서 알맞은 말을 찾아 써 보세요.

책을 많이 읽어서 [ ][ ] 도 얻고, 친구들의 [ ][ ] 도 생각할 수 있는 어린이가 되어 보세요.

보기 마음 생각 지식

어휘 연습

낱말의 뜻을 생각하면서 문제를 풀어 보세요.

외래어 맞춤법 알기

1 다른 나라에서 들어온 말을 바르게 쓴 것을 찾아 ○표 해 보세요.

텔레비전 텔레비젼

콤퓨터 컴퓨터

포함되는 말 알기

2 다음 중 동물에 포함되는 낱말을 모두 찾아 색칠해 보세요.

사자	호랑이
개나리	피아노
고래	독수리

순서를 세는 말 알기

3 다음 그림에서 화살표가 가리키는 인디언의 순서를 왼쪽부터 말할 때에 알맞은 낱말을 보기 에서 찾아 써 보세요.

보기 첫째 둘째 셋째 넷째

문장에 알맞은 부호 찾기

4 문장의 끝에 들어갈 알맞은 문장 부호를 보기 에서 찾아 써 보세요.

여러분은 책 읽는 것을 좋아하나요

친구들의 모습이 담겨 있으니까요

보기 . ! ?

'다지기 마당'은 이번 마당에서 읽은 글을 다시 한 번 읽어 보면서 독해력과 어휘력을 다지는 시간입니다. 글과 문제를 꼼꼼히 읽고, 알맞은 답을 찾아보세요.

다음 글을 읽고, 물음에 답해 보세요.

오늘 진주는 인형놀이, 블록 쌓기, 소꿉놀이를 하고 나서
그냥 이불 속으로 쏘옥 들어가서 잠을 잤어요.
엄마가 잔소리하기 전에 얼른 자는 척을 하려고요.

1 진주가 놀이를 하고 나서 그냥 이불 속으로 들어간 까닭은 무엇인가요? 알맞은 답을 찾아 ◌ 안에 색칠해 보세요.

엄마가 잔소리 하기 전에 자는 척을 하려고 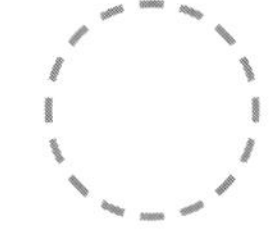

동생이 같이 놀자고 하기 전에 자는 척을 하려고 

엄마가 씻고 자라고 하기 전에 자는 척을 하려고 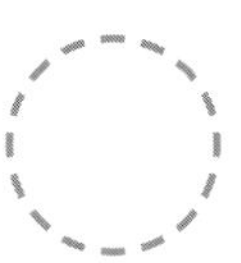

2 오늘 진주는 무엇을 하고 놀았나요? 알맞은 답을 모두 찾아 ○표 해 보세요.

인형 놀이 | 블록 쌓기 | 병원 놀이

✿ 다음 글을 읽고, 물음에 답해 보세요.

그런데 놀이터에 가니 친구들이 한 명도 없었다.
모두 점심밥을 먹으러 집에 간 것이다.
나는 혼자서 그네도 타고 미끄럼틀도 탔다.
혼자서 노니 심심하고 재미가 없었다.
'에이, 늦잠을 자니 하루 종일 혼자네?'
나는 방학이라고 늦잠을 잔 것을 후회하였다.

3 이 글의 '나'는 혼자서 놀면서 어떤 생각을 하였나요? 알맞은 답을 모두 찾아 색칠해 보세요.

신이 나요.

심심해요.

재미가 없어요.

4 사람 수를 셀 때 쓰는 낱말은 무엇인가요? 알맞은 답을 찾아 ○표 해 보세요.

개 마리 명

다음 글을 읽고, 물음에 답해 보세요.

"옛날에 말이다.
당근만 쏙쏙 골라내고 먹을 정도로
당근을 싫어하는 아이가 있었단다.
너희들, 당근이 얼마나 몸에 좋은지 아니?
당근은 눈이 좋아지게 해 주고, 몸도 튼튼하게 해 준단다.

5 당근이 우리에게 필요한 까닭은 무엇인가요? 바르게 말한 친구를 모두 찾아 (   ) 안에 ○표 해 보세요.

눈이 좋아지게 해요.

(   )

몸을 튼튼하게 해요.

(   )

이가 튼튼하게 해요.

(   )

6 다음 세 낱말을 모두 포함할 수 있는 말은 무엇일까요? 알맞은 말을 찾아 색칠해 보세요.

당근, 오이, 배추  채소 | 고기

다음 글을 읽고, 물음에 답해 보세요.

첫째, 책을 읽으면 많은 지식을 얻을 수 있어요.
책 속에는 동물이나 식물, 음식, 세계의 모습 등
다양한 정보들이 들어 있으니까요.
개구리의 앞 발가락이 몇 개인지도 알 수 있고,
세계에서 가장 긴 강도 알 수 있어요.

7 이 글에서 말한 책을 읽으면 좋은 점은 무엇인가요? 바르게 말한 친구를 찾아 (　　　) 안에 ○표 해 보세요.

책을 읽으면 상상력이 많아져요.

(　　　)

책을 읽으면 많은 지식을 얻을 수 있어요.

(　　　)

책을 읽으면 친구를 생각하는 마음이 넓어져요.

(　　　)

8 이글에서 밑줄 친 '긴'의 반대말을 보기 에서 찾아 써 보세요.

보기 좁은　　짧은　　넓은

생활 습관을 알아요

좋은 생활 습관과 나쁜 생활 습관을 알아보는 O, X 퀴즈 놀이예요.

카드에 쓰여 있는 내용이 좋은 생활 습관이면 O표, 나쁜 생활 습관이면 X표 해 보세요. 그리고 답이 맞으면 카드 위에 크게 ☆ 모양을 그려 보세요.

1. 인형이나 블록을 가지고 놀고 나면 제자리에 넣어 두어요.

2. 유치원에서 방학을 하면 마음껏 늦잠을 자요.

3. 밥을 먹을 때 내가 싫어하는 음식은 골라내고 먹어요.

4. 매일 꼬박꼬박 우유를 마셔요.

5. 컴퓨터 게임을 하고 싶을 때마다 해요.

6. 매일 조금씩이라도 책을 읽어요.

'걸어 다니는 시계' 칸트 이야기

'칸트'라는 사람에 대해 들어본 적이 있나요? 칸트는 위인 중 한 분이에요. 칸트는 '걸어 다니는 시계'라는 별명을 가지게 되었는데, 왜 그런 별명이 붙었는지 알아보아요.

칸트는 독일의 유명한 철학자예요.
칸트에게는 '걸어 다니는 시계'라는 별명이 붙어 있어요. 그 까닭은 칸트가 살았던 동네 사람들은 어디에서든 칸트만 보면 그때의 시각을 정확히 알 수 있었기 때문이에요. 칸트는 늘 계획표에 따라 생활 했거든요.
"칸트 선생님이 공원에서 책을 읽고 계시네. 벌써 1시가 넘은 모양이야."
"얘들아, 저 느티나무 아래로 칸트 선생님이 지나가신다. 4시 30분이야."
동네 사람들은 이렇게 시계를 들여다보지 않고도 시간을 알 수 있었어요.

또 칸트는 어려서부터 친구와 한 약속은 1분도 어긴 적이 없었어요.
칸트는 약속한 시각에 약속한 장소에 나가서 친구가 나오지 않으면, 바로 집으로 되돌아왔어요. 그래서 칸트의 친구들도 시간을 잘 지키게 되었지요.
칸트는 왜 약속을 잘 지켰을까요? 칸트는 약속을 했으면 반드시 그 약속을 지켜야 한다고 말하였어요. 칸트가 생각할 때, 약속은 지키기 위해 한 것이므로 약속을 했으면 지키는 것이 당연한 일인 것이지요.

여러분, 칸트가 어떤 사람인지 알았나요? 칸트는 이처럼 시간을 철저히 지키고 계획대로 실천하여서 위대한 사람이 될 수 있었던 거예요.

메모

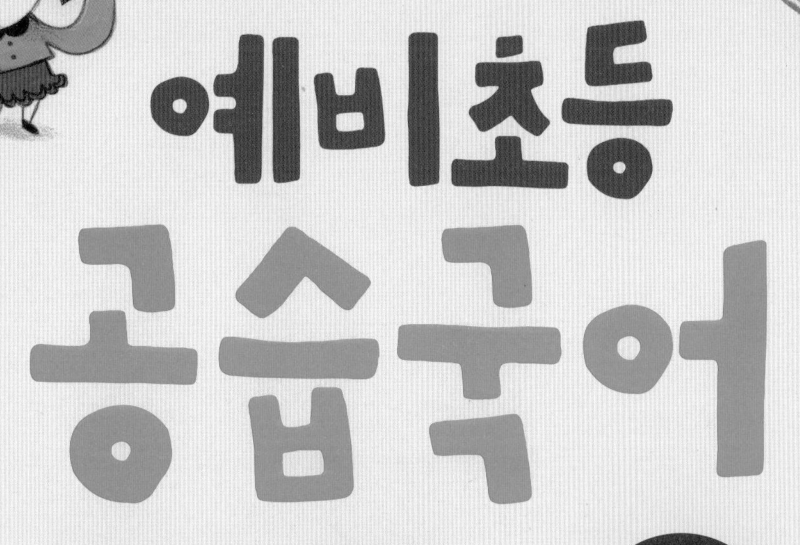

정답 및 해설

1권

정답을 따로 떼어 내어 보관하고,
학습 지도 시 사용해 주세요.

12-13 쪽

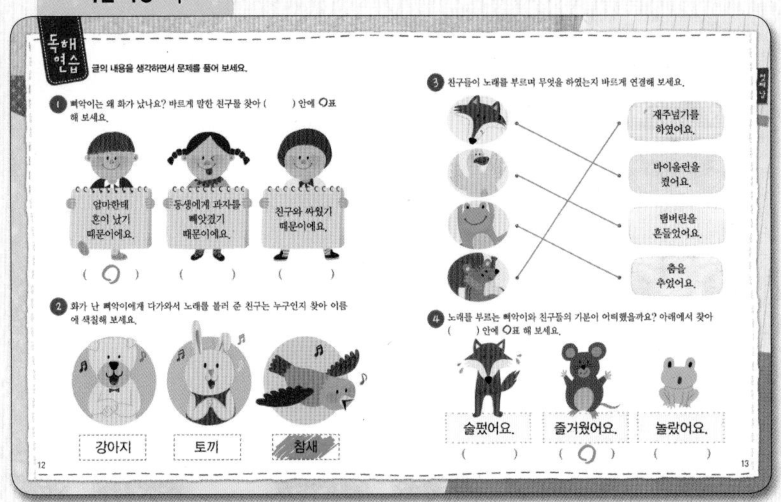

1. 중심인물의 마음 상태를 알아보는 문제입니다. 중심인물인 삐악이는 화가 나서 집 밖으로 나왔습니다. 음식을 골고루 먹지 않아서 엄마한테 혼이 났기 때문이지요. 글을 읽어 보면서 삐악이가 왜 화가 났는지 찾아볼 수 있도록 지도해 주세요.
2. 중심인물을 도와주는 주변 인물을 살펴보는 문제입니다. 화가 난 삐악이에게 참새가 다가와서 위로해 주고 노래를 불러 주었습니다. 삐악이는 참새의 노래를 듣고 기분이 조금 좋아졌습니다. 아이가 중심인물과 주변 인물의 관계를 이해하며 인물들의 행동을 살펴볼 수 있도록 지도해 주세요.
3. 등장인물과 각각의 인물이 한 행동을 연결시켜 보면서 글의 중심 사건을 생각해 보는 문제입니다. 화가 났던 삐악이가 친구들과 노래를 부르고 즐거운 시간을 보내면서 화가 났던 일을 잊어버리게 된다는 것이 이 글의 중심 사건입니다. 삐악이와 친구들이 노래를 부르면서 한 행동을 살펴보면서, 중심 사건을 이해할 수 있도록 지도해 주세요.
4. 글의 중심 생각을 알아보는 문제입니다. 이 글의 중심 생각은 노래를 하고 춤을 추면 마음이 즐거워진다는 것입니다. 화가 났던 삐악이가 친구들을 만나면서 마음이 변해가고 화가 났던 일을 잊을 수 있었던 까닭은 친구들과 즐겁게 노래를 불렀기 때문입니다. 아이가 자신의 경험과 비교해 보면서 노래를 하면 좋은 점을 스스로 이해할 수 있도록 지도해 주세요.

14-15 쪽

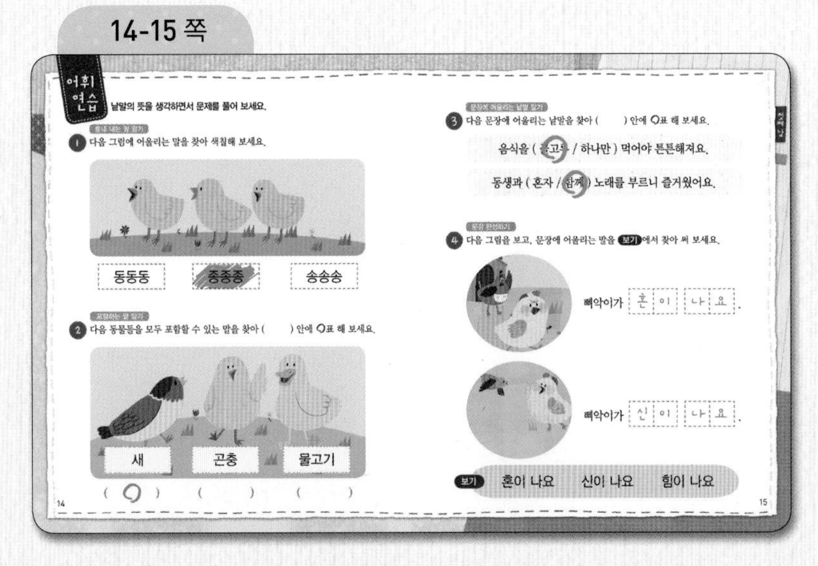

1. '종종종'은 발걸음을 조금씩 자주 떼며 빨리 걷는 모양을 흉내 내는 낱말입니다. 주로 병아리나 작은 아이들이 걷는 모습을 표현할 때 사용되는 말입니다. 글 속에서 삐악이가 걷는 모습을 떠올리면서 병아리 떼가 걷는 모습을 흉내 내는 말을 알 수 있도록 지도해 주세요.
2. 그림 속 동물들은 참새, 병아리, 오리입니다. 모두 날개가 있는 조류인 '새'에 해당됩니다. 평소 동물에 관심이 많은 아이라면 금방 답을 찾을 수 있습니다. 세 동물의 비슷한 점을 찾아보면서 자연스럽게 새의 특징을 알 수 있도록 지도해 주세요.
3. 문장에 어울리는 낱말을 찾아보는 문제입니다. 먼저 문장을 읽어 보고 내용을 이해하면서 어울리는 낱말을 찾아야 합니다. 음식을 어떻게 먹으면 몸이 튼튼해지는지, 노래를 어떻게 부르면 즐거워지는지 문장의 내용을 파악한 후에 답을 찾아볼 수 있도록 지도해 주세요.
4. 그림을 보고 문장을 완성하는 문제입니다. 먼저 그림을 보면서 어떤 내용인지 말해 보도록 합니다. 그러고 나서 문장으로 만들기 위해서 어떤 말이 필요한지 〈보기〉에서 찾아 문장을 완성할 수 있도록 지도해 주세요. 쓰기 문제는 연필을 쥐는 힘이 많이 필요하므로, 천천히 한 자 한 자씩 쓸 수 있도록 도와주세요.

18-19 쪽

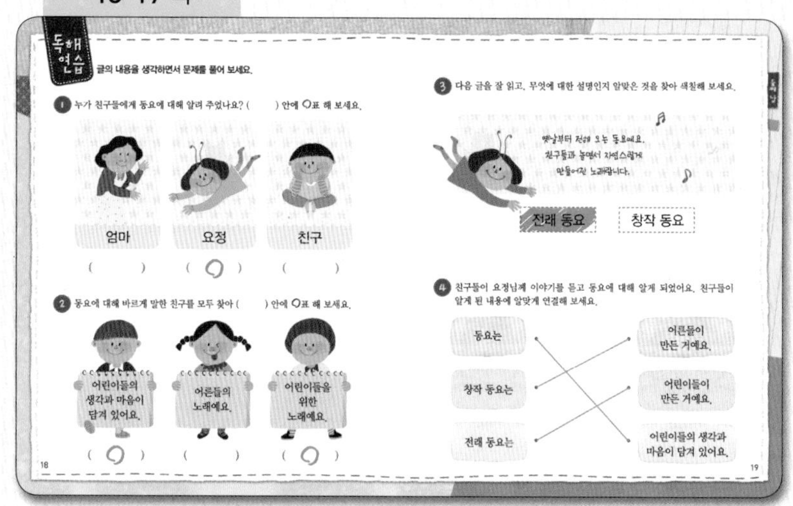
독해 연습 글의 내용을 생각하면서 문제를 풀어 보세요.

1 누가 친구들에게 동요에 대해 알려 주었나요? ( ) 안에 ○표 해 보세요.

엄마 ( ) 요정 (○) 친구 ( )

2 동요에 대해 바르게 말한 친구를 모두 찾아 ( ) 안에 ○표 해 보세요.

어린이들의 생각과 마음이 담겨 있어요. (○) 어른들의 노래예요. ( ) 어린이들을 위한 노래예요. (○)

3 다음 글을 잘 읽고, 무엇에 대한 설명인지 알맞은 것을 찾아 색칠해 보세요.

옛날부터 전해 오는 동요예요. 친구들과 놀면서 자연스럽게 만들어진 노래랍니다.

전래 동요 창작 동요

4 친구들이 요정님께 이야기를 듣고 동요에 대해 알게 되었어요. 친구들이 알게 된 내용에 알맞게 연결해 보세요.

동요는 / 창작 동요는 / 전래 동요는

어른들이 만든 거예요. / 어린이들이 만든 거예요. / 어린이들의 생각과 마음이 담겨 있어요.

18 19

1. 이야기를 풀어가는 중심인물을 알아보는 문제입니다. 이 글은 '동요'에 대해 설명하는 내용의 이야기입니다. 동요의 뜻과 종류에 대해 알려 주고 있는 중심인물이 동요 나라 요정이라는 것을 아이 스스로 찾을 수 있도록 지도해 주세요.
2. 글의 중심 내용을 이해하는 문제입니다. 이 글은 이야기의 형식을 띠고 있지만, 동요에 대해 설명하는 내용을 담고 있습니다. 설명하는 글을 읽을 때에는 중요한 내용을 파악하는 것이 중요합니다. 동요가 어린이들을 위한 노래이고, 어린이의 생각과 마음이 담겨 있다는 것을 글을 통해 이해할 수 있도록 지도해 주세요.
3. 전래 동요의 특징을 이해하는 문제입니다. 글을 통해 창작 동요와 다른 전래 동요의 특징을 말해 보게 한 뒤에 답을 찾아볼 수 있도록 지도해 주세요.
4. 글의 전체 내용을 이해하는 문제입니다. 먼저 글에 나왔던 중요한 내용을 다시 한 번 파악하게 하세요. 그러고 나서 동요의 특징과 창작 동요와 전래 동요의 차이점을 이해하여 문제를 풀 수 있도록 지도해 주세요.

20-21 쪽

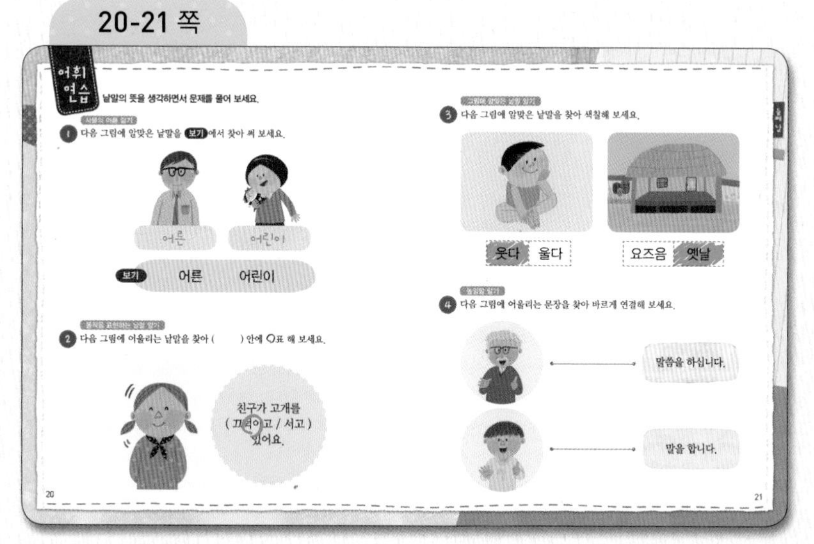
어휘 연습 낱말의 뜻을 생각하면서 문제를 풀어 보세요.

1 다음 그림에 알맞은 낱말을 보기에서 찾아 써 보세요.

어른 어린이

보기 어른 어린이

2 다음 그림에 어울리는 낱말을 찾아 ( ) 안에 ○표 해 보세요.

친구가 고개를 (끄덕이고 / 서고) 있어요.

3 다음 그림에 알맞은 낱말을 찾아 색칠해 보세요.

웃다 울다 요즈음 옛날

4 다음 그림에 어울리는 문장을 찾아 바르게 연결해 보세요.

말씀을 하십니다.

말을 합니다.

20 21

1. 그림을 보고 어른과 어린이를 구별하여 낱말을 정확하게 써 보는 문제입니다. 문제를 풀어 보면서 어른과 어린이의 차이점을 이해하여 말할 수 있도록 지도해 주세요.
2. 그림을 보고 인물의 동작에 어울리는 낱말을 찾아보는 문제입니다. 먼저 그림을 보고 인물이 어떤 동작을 하는지 말하게 한 다음, 그 동작을 나타낼 수 있는 알맞은 말을 찾아볼 수 있도록 지도해 주세요.
3. 그림에 알맞은 낱말을 찾아보는 문제입니다. 첫 번째 문제에서는 아이의 표정을 보고 알맞은 낱말을 찾을 수 있도록 지도합니다. 두 번째 문제에서는 그림 속 건물을 보고 알맞은 낱말을 찾을 수 있도록 지도합니다. 다양한 낱말 습득은 아이의 독해력의 밑바탕이 되므로, 평소 다양한 낱말들을 접할 수 있도록 도와주세요.
4. 높임 말에 대하여 알아보는 문제입니다. 높임말에 익숙하지 않은 아이에게 상대방에 따라 예사말이나 높임말을 다르게 써야 한다는 것을 이해시켜야 합니다. 높임말은 단순한 어휘력 학습뿐만 아니라 초등학교 '바른 생활'에 나오는 예절과도 관계가 있으므로, 여러 번 반복 학습시키면서 자연스럽게 받아들일 수 있도록 지도해 주세요.

24-25 쪽

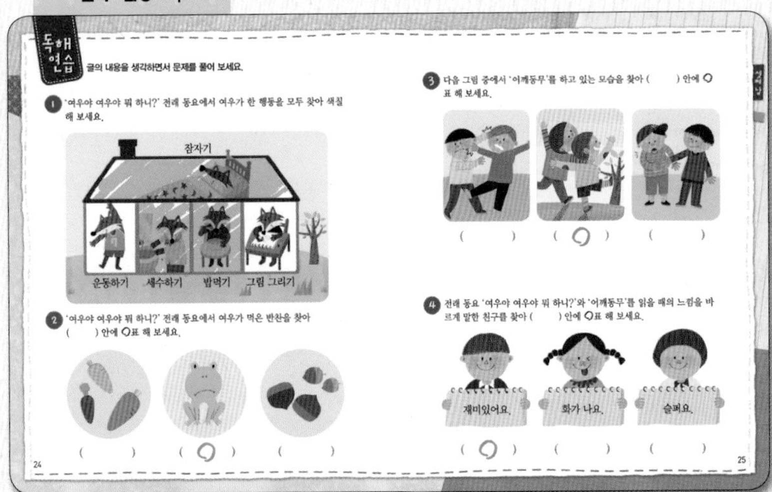
독해 연습 글의 내용을 생각하면서 문제를 풀어 보세요.

1 '여우야 여우야 뭐 하니?' 전래 동요에서 여우가 한 행동을 모두 찾아 색칠해 보세요.

잠자기
운동하기 세수하기 밥먹기 그림 그리기

2 '여우야 여우야 뭐 하니?' 전래 동요에서 여우가 먹은 반찬을 찾아 ( ) 안에 ○표 해 보세요.

( ) (○) ( )

3 다음 그림 중에서 '어깨동무'를 하고 있는 모습을 찾아 ( ) 안에 ○표 해 보세요.

( ) (○) ( )

4 전래 동요 '여우야 여우야 뭐 하니?'와 '어깨동무'를 읽을 때의 느낌을 바르게 말한 친구를 찾아 ( ) 안에 ○표 해 보세요.

재미있어요. 화가 나요. 슬퍼요.
(○) ( ) ( )

24 25

1. 인물이 한 행동을 찾아보는 문제입니다. 첫 번째 전래 동요 '여우야 여우야 뭐 하니?'에서 중심인물인 여우가 한 행동을 말해 보게 한 다음, 행동을 알맞게 표현한 말을 찾아 색칠하도록 지도해 주세요. 답을 찾아 색칠하면 하나의 집이 완성되므로, 아이의 만족도를 더 높여 줄 수 있습니다.
2. 글의 내용을 파악하고 전래 동요의 재미를 느껴 보게 하는 문제입니다. 여우가 먹은 반찬이 무엇인지 생각하며 글에 대한 이해도를 파악할 수 있습니다. 더불어 전래 동요를 통한 말의 재미도 느낄 수 있습니다.
3. 글 속 표현을 정확하게 파악하는 문제입니다. '어깨동무'는 친한 친구끼리 어깨에 팔을 나란히 올려놓은 모습, 또는 그러한 친구 관계를 뜻하는 말입니다. 전래 동요를 읽으면서 '어깨동무'라는 말의 뜻을 이해할 수 있도록 지도해 주세요.
4. 글에 대한 느낌을 알아보는 문제입니다. 전래 동요를 읽으면 리듬감이 느껴지고 동요 속에 나오는 표현을 통하여 재미를 느낄 수 있습니다. 아이가 두 편의 전래 동요를 읽을 때 어떤 느낌이 들었는지 말하게 한 뒤 답을 찾을 수 있도록 지도해 주세요.

26-27 쪽

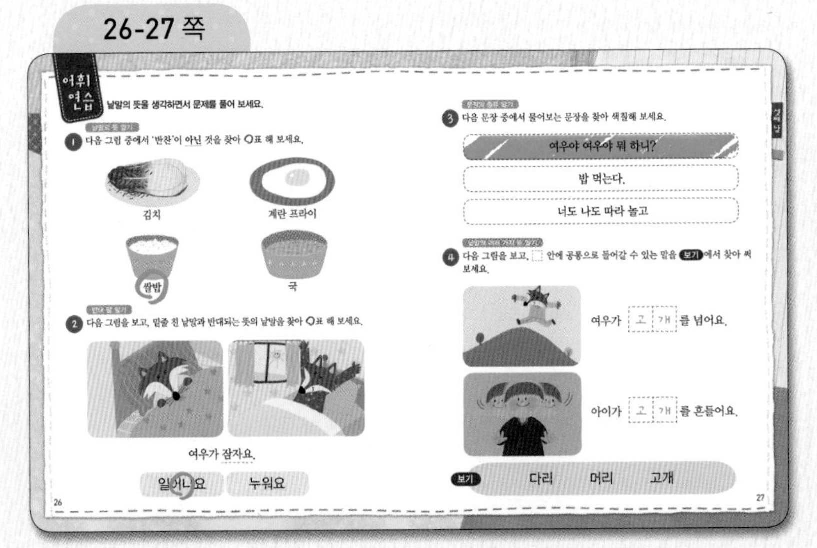
어휘 연습 낱말의 뜻을 생각하면서 문제를 풀어 보세요.

1 다음 그림 중에서 '반찬'이 아닌 것을 찾아 ○표 해 보세요.

김치 계란 프라이
쌀밥 국

2 다음 그림을 보고, 밑줄 친 낱말과 반대되는 뜻의 낱말을 찾아 ○표 해 보세요.

여우가 잠자요.
일어나요 누워요

3 다음 문장 중에서 물어보는 문장을 찾아 색칠해 보세요.

여우야 여우야 뭐 하니?
밥 먹는다.
너도 나도 따라 놀고

4 다음 그림을 보고, 안에 공통으로 들어갈 수 있는 말을 보기에서 찾아 써 보세요.

여우가 고개를 넘어요.
아이가 고개를 흔들어요.

보기 다리 머리 고개

26 27

1. '반찬'은 밥에 에 곁들여 먹는 음식을 통틀어 가리키는 말입니다. 아이가 밥과 반찬을 구분할 수 있도록 지도해 주세요. 더불어 평소 아이가 즐겨 먹는 반찬을 말해 보게 하여, 반찬의 다양한 종류도 함께 익혀 볼 수 있는 시간을 가져 보세요.
2. 반대말을 찾아보는 문제입니다. 여우가 잠을 자는 모습과 잠에서 깨어 일어나는 모습을 보고, 반대되는 상황에 어울리는 말을 찾을 수 있도록 지도해 주세요.
3. 물어보는 문장을 찾는 문제입니다. 보통 물어보는 문장의 끝에는 물음표(?)를 붙입니다. 물어보는 문장의 특징을 이해한 뒤 문제를 풀어 볼 수 있도록 지도해 주세요.
4. 같은 소리의 낱말이 가진 여러 가지 뜻을 이해하는 문제로, 아이에게 다소 어려울 수 있습니다. 이러한 말을 동음이의어라고 하는데, 생활 속 대화에는 동음이의어가 자주 나옵니다. 예를 들어 먹는 '밤'과 어두운 '밤', 먹는 '배'와 사람의 '배' 등이 해당됩니다. 아이가 알고 있는 낱말 중에 동음이의어를 찾아보면서 우리말의 재미를 느낄 수 있도록 지도해 주세요.

30-31 쪽

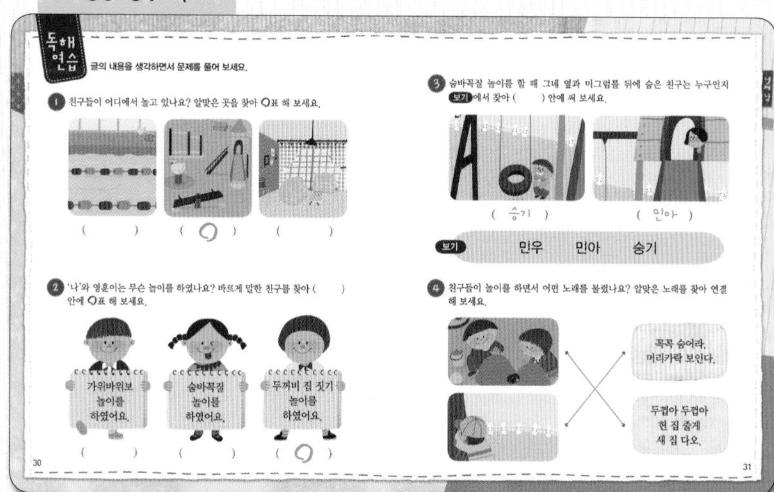

1. 글 속의 배경을 찾아보는 문제입니다. 글의 첫문장에 아이들이 노래하며 놀이를 하고 있는 장소가 어디인지 드러나 있습니다. 글을 읽으면서 일이 일어나는 장소가 어디인지를 파악할 수 있도록 지도해 주세요.
2. 인물이 한 행동을 파악하는 문제입니다. 중심인물인 '나'는 친구 영훈이와 함께 모래밭에서 두꺼비 집 짓기 놀이를 하였습니다. 다른 친구들이 한 숨박꼭질 놀이와 혼동하지 않고 정확하게 내용을 이해할 수 있도록 지도해 주세요.
3. 주변 인물들이 한 행동을 파악하는 문제입니다. 글 속의 '나'는 다른 친구들이 숨바꼭질 놀이를 하는 것을 지켜보았습니다. 한 친구가 술래를 하고 나머지 두 친구가 그네 옆과 미끄럼틀 뒤에 숨었습니다. 어떤 친구가 어디에 숨었는지 글의 내용을 떠올려 보면서 정확하게 찾을 수 있도록 지도해 주세요.
4. 글의 중심 내용을 파악하는 문제입니다. 이 글은 놀이를 할 때, 동요를 부르면 더 재미있고 신이 난다는 것을 알려 주고 있습니다. 놀이마다 그 특성에 맞게 부르는 동요도 다릅니다. 아이가 놀이와 동요를 정확하게 짝지을 수 있도록 지도해 주세요. 더불어 놀이터에 나가 아이와 함께 두 놀이를 하면서 동요를 불러 보면 글의 내용을 이해하고 기억하는 데 도움이 됩니다.

32-33 쪽

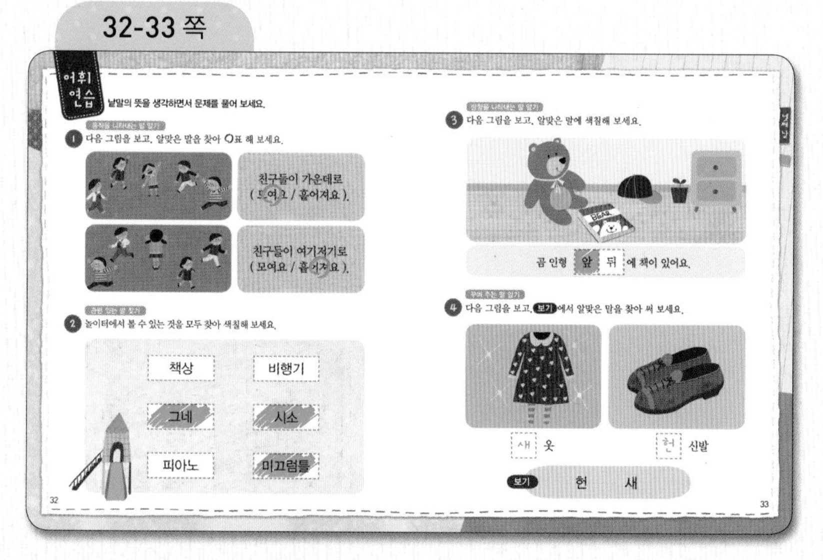

1. 동작을 나타내는 말을 익히는 문제입니다. '모이다'는 '여러 사람을 한 곳으로 오게 하다.'라는 뜻입니다. 반대되는 뜻을 가진 낱말인 '흩어지다'는 '한 곳에 모였던 것을 따로 따로 떨어지거나 퍼지게 하다.'라는 뜻입니다. 그림을 보면서 어떤 동작인지 이해하고 알맞은 낱말을 찾을 수 있도록 지도해 주세요.
2. 아이들에게 친숙한 장소인 놀이터에서 볼 수 있는 것들을 찾아보는 문제입니다. 놀이터에서 흔히 볼 수 있는 '미끄럼틀, 시소, 그네'를 찾아보고, 답이 아닌 '비행기, 책상, 피아노'는 어디에서 볼 수 있는지도 말할 수 있도록 지도해 주세요.
3. '앞'과 '뒤'는 방향을 가리킬 때 쓰는 표현입니다. 아이가 방향을 나타내는 말을 어려워할 수 있으니 곰 인형을 중심으로 앞과 뒤, 더불어 옆까지 확실하게 이해할 수 있도록 지도해 주세요.
4. 낱말을 꾸며 주는 말을 익히는 문제입니다. 먼저 그림을 보고 옷과 신발이 새 것인지 헌 것인지 구별할 수 있도록 지도해 주세요. 그런 다음 그것을 표현한 낱말을 써 보면 자연스럽게 꾸며 주는 말까지 익힐 수 있습니다.

34-35 쪽

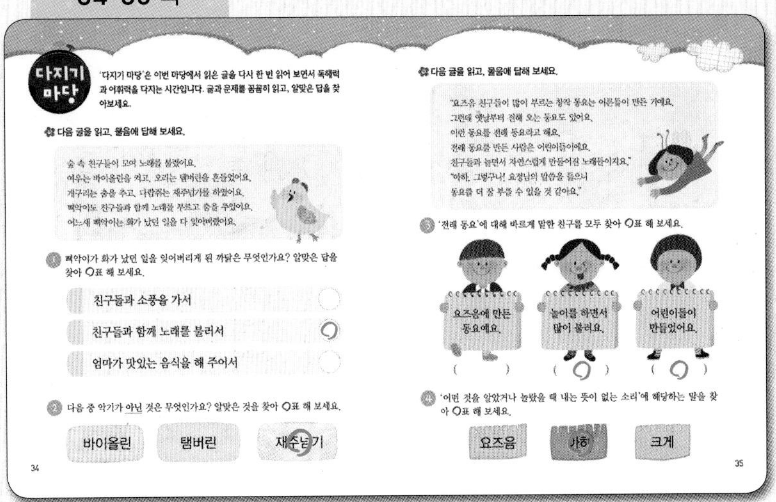

다지기 마당

'다지기 마당'은 이번 마당에서 읽은 글을 다시 한 번 읽어 보면서 독해력과 어휘력을 다지는 시간입니다. 글과 문제를 꼼꼼히 읽고, 알맞은 답을 찾아보세요.

다음 글을 읽고, 물음에 답해 보세요.

숲 속 친구들이 모여 노래를 불렀어요.
여우는 바이올린을 켜고, 오리는 탬버린을 흔들었어요.
개구리는 춤을 추고, 다람쥐는 재주넘기를 하였어요.
삐악이도 친구들과 함께 노래를 부르고 춤을 추었어요.
어느새 삐악이는 화가 났던 일을 다 잊어버렸어요.

1 삐악이가 화가 났던 일을 잊어버리게 된 까닭은 무엇인가요? 알맞은 답을 찾아 ○표 해 보세요.

- 친구들과 소풍을 가서 ( )
- 친구들과 함께 노래를 불러서 (○)
- 엄마가 맛있는 음식을 해 주어서 ( )

2 다음 중 악기가 아닌 것은 무엇인가요? 알맞은 것을 찾아 ○표 해 보세요.

바이올린 탬버린 재주넘기(○)

34

다음 글을 읽고, 물음에 답해 보세요.

"요즈음 친구들이 많이 부르는 창작 동요는 어른들이 만든 거예요.
그런데 옛날부터 전해 오는 동요도 있어요.
이런 동요를 전래 동요라고 해요.
전래 동요를 만든 사람은 어린이들이에요.
친구들과 놀면서 자연스럽게 만들어진 노래들이지요."
"아하, 그렇구나! 요정님의 말씀을 들으니
동요를 더 잘 부를 수 있을 것 같아요."

3 '전래 동요'에 대해 바르게 말한 친구를 모두 찾아 ○표 해 보세요.

- 요즈음에 만든 동요예요. ( )
- 놀이를 하면서 많이 불러요. (○)
- 어린이들이 만들었어요. (○)

4 '어떤 것을 알았거나 놀랐을 때 내는 뜻이 없는 소리'에 해당하는 말을 찾아 ○표 해 보세요.

요즈음 아하(○) 크게

35

1. 글의 중심 내용을 다시 한 번 확인해 보는 문제입니다. 화가 났던 삐악이가 친구들과 함께 노래를 부르면서 즐거워하게 되었던 내용을 정확히 이해할 수 있도록 지도해 주세요. 더불어 동요를 부르면 즐거워진다는 중심 생각도 다시 한 번 확인하는 시간을 가져 보세요.
2. '악기'가 무엇인지 이해하고 악기가 아닌 것을 찾아보는 문제입니다. '악기'는 노래를 할 때 반주를 하거나 연주를 할 때 사용하는 도구를 통틀어 가리키는 말입니다. 낱말을 정확히 읽고 악기와 악기가 아닌 것을 구별할 수 있도록 지도해 주세요.
3. '전래 동요'에 대해 정확히 이해했는지 다시 한 번 확인해 보는 문제입니다. 글을 읽으면서 글 속에서 찾을 수 있는 전래 동요의 특징을 말해 보게 합니다. 더불어 창작 동요와의 차이점도 다시 한 번 생각하게 하여 전래 동요의 특징을 확실하게 이해할 수 있도록 지도해 주세요.
4. 어떤 것을 알았거나 놀랐을 때 내는 뜻이 없는 소리에 대하여 알아보는 문제입니다. '아하'와 같은 말들은 특별한 뜻을 담고 있지 않고 자연스럽게 입에서 나오는 소리입니다. 글 속에서 아이들이 새로운 내용을 알게 되었을 때 어떤 소리를 내었는지 찾아보고 답할 수 있도록 지도해 주세요. 또한 평소 아이가 놀라거나 화가 났을 때, 새로운 것을 알게 되었을 때 어떤 말을 사용했는지 떠올려 보게 하여 함께 이야기해 보는 것도 좋습니다.

36-37 쪽

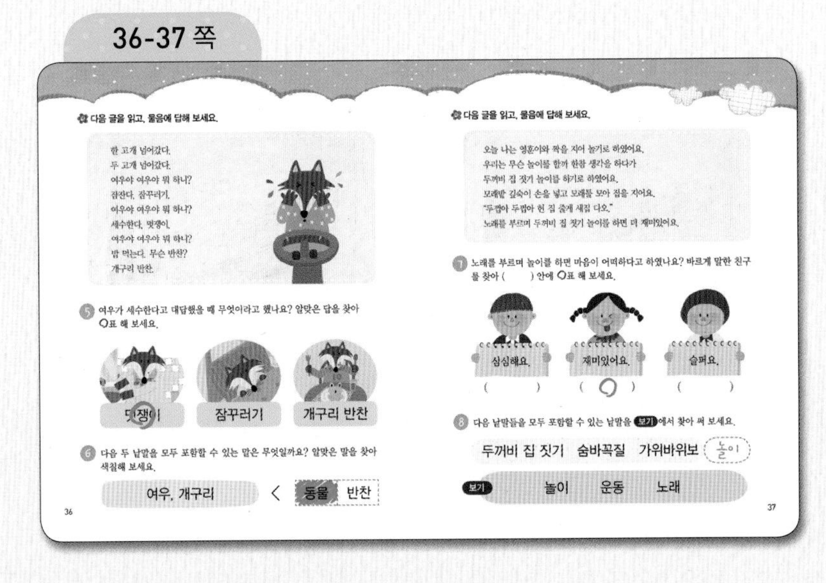

다음 글을 읽고, 물음에 답해 보세요.

한 고개 넘어갔다.
두 고개 넘어갔다.
여우야 여우야 뭐 하니?
잠잔다. 잠꾸러기.
여우야 여우야 뭐 하니?
세수한다. 멋쟁이.
여우야 여우야 뭐 하니?
밥 먹는다. 무슨 반찬?
개구리 반찬.

5 여우가 세수한다고 대답했을 때 무엇이라고 했나요? 알맞은 답을 찾아 ○표 해 보세요.

멋쟁이(○) 잠꾸러기 개구리 반찬

6 다음 두 낱말을 모두 포함할 수 있는 말은 무엇일까요? 알맞은 말을 찾아 색칠해 보세요.

여우, 개구리 < 동물(색칠) 반찬

36

다음 글을 읽고, 물음에 답해 보세요.

오늘 나는 영훈이와 짝을 지어 놀기로 하였어요.
우리는 무슨 놀이를 할까 한참 생각을 하다가
두꺼비 집 짓기 놀이를 하기로 하였어요.
모래밭 깊숙이 손을 넣고 모래를 모아 집을 지어요.
"두껍아 두껍아 헌 집 줄게 새집 다오."
노래를 부르며 두꺼비 집 짓기 놀이를 하면 더 재미있어요.

7 노래를 부르며 놀이를 하면 마음이 어떠하다고 하였나요? 바르게 말한 친구를 찾아 ( ) 안에 ○표 해 보세요.

- 심심해요. ( )
- 재미있어요. (○)
- 슬퍼요. ( )

8 다음 낱말들을 모두 포함할 수 있는 낱말을 보기에서 찾아 써 보세요.

두꺼비 집 짓기 숨바꼭질 가위바위보 (놀이)

보기 놀이 운동 노래

37

5. 글의 내용을 정확하게 파악하는 문제입니다. 글에서 여우는 잠자고, 세수하고, 밥을 먹었습니다. 여우가 세수를 한다고 대답했을 때, 상대방이 무엇이라고 말해 주었는지 찾아보고 답할 수 있도록 지도해 주세요.
6. 포함되는 말과 포함하는 말의 관계를 알아보는 문제입니다. 여우와 개구리는 서로 종류가 다른 동물로 이들을 묶을 수 있는 말은 '동물'입니다. 아이가 이러한 포함 관계를 이해할 수 있도록 지도해 주세요.
7. 글 속 중심인물의 마음을 알아보는 문제입니다. 이 글에서 중심인물인 '나'는 친구와 짝을 지어 두꺼비 집 짓기 놀이를 하였습니다. 놀이를 하면서 노래도 함께 불렀는데, 그때의 마음이 글의 마지막 문장에 표현되어 있습니다. 아이가 중심인물인 '나'의 마음을 이해하여 답을 찾을 수 있도록 지도해 주세요.
8. 포함하는 낱말을 찾아 쓰는 문제입니다. 글 속에 나왔던 '두꺼비 집 짓기'나 '숨바꼭질', 그리고 아이들이 흔히 하는 '가위바위보'를 모두 포함할 수 있는 말이 무엇인지 생각해 보게 합니다. '놀이'는 여러 사람이 함께 어울려 즐겁게 노는 일입니다. 아이가 답을 찾고 나면, 평소 알고 있던 다른 놀이도 생각하여 말해 볼 수 있도록 지도해 주세요.

38 쪽

놀이 마당

노랫말을 바꾸어 불러요

노랫말을 바꾸어 '나만의 전래 동요'를 불러 보는 놀이예요.

재미있는 전래 동요를 부르면서 가위바위보 놀이를 해 보세요. 그리고 놀이를 하면서 전래 동요의 노랫말도 바꾸어 불러 보세요.

놀이 설명

1. 먼저, 노래를 부르면서 가위바위보 놀이를 해 보세요.
2. 가위바위보를 해서 진 사람에게 벌칙을 정해서 벌을 주어요.(예: 꿀밤 맞기, 심부름하기 등)
3. 별 그림이 그려진 부분의 노랫말을 바꾸어 불러 보세요.
4. 노랫말을 어울리게 잘 바꾸어 부르면 통과할 수 있어요.
5. 노랫말을 잘 바꾸어 부르지 못하면, 진 사람에게 벌칙을 정해서 벌을 주어요.

38

- 이 놀이 마당은 전래 동요를 부르면서 가위바위보 놀이를 하고, 전래 동요 노랫말의 일부분을 자연스럽게 바꾸어 불러 보는 활동입니다.

전래 동요를 부르면서 노래를 부르는 즐거움을 알 수 있습니다. 또, 전래 동요는 놀이를 함께 할 수 있는 재미도 있다는 것을 알 수 있습니다.
더불어 전래 동요의 노랫말을 바꾸어 불러 보면서 낱말을 조합하고 문장을 만들어 보는 능력을 키울 수 있습니다.
예를 들어 ★이 그려진 노랫말을 다음과 같이 바꾸어 부를 수 있습니다.

예) 학교 가는 우리 언니 / 씩씩하게 다녀오게
울고 가는 우리 아기 / 엄마 품에 잠이 들게

또한 '나만의 전래 동요'를 만들어 보면서 성취감과 특별함을 느낄 수 있습니다.

놀이는 혼자 하는 것보다 여럿이 함께 할 때 진정한 놀이의 가치와 즐거움을 느낄 수 있습니다. 부모님께서 놀 상대가 되어 아이가 놀이의 즐거움을 마음껏 체험할 수 있도록 도와주세요.

44-45 쪽

1. 등장인물의 별명을 알아보는 문제입니다. 등장인물이자 가족의 일원인 할머니에게 붙은 별명을 알아보면서 할머니의 특징적인 모습을 파악할 수 있습니다. 글을 읽어 보면서 할머니의 특징적인 모습을 하나씩 짚어 볼 수 있도록 지도해 주세요.
2. 중심인물과 주변 인물 간의 관계를 알아보는 문제입니다. 중심인물인 '나'는 평소 할머니를 창피하게 생각하고 있지만, 할머니께서 아이스크림을 사 주실 때에는 좋다고 하였습니다. 아이가 중심인물과 주변 인물의 관계를 이해하며 답을 찾을 수 있도록 지도해 주세요.
3. 상황에 맞는 중심인물의 행동을 알아보는 문제입니다. 평소에 할머니를 창피하게 생각했던 중심인물이 동네에서 할머니를 만나게 되었을 때 어떻게 행동했는지 살펴보면서, 중심인물의 마음을 이해할 수 있도록 지도해 주세요.
4. 중심인물의 마음의 변화를 알아보는 문제입니다. 이 글에서 가장 중요한 관계는 중심인물인 '나'와 주변 인물인 '할머니'의 관계입니다. '나'는 친구들이 할머니를 놀려서 창피해하지만, 늦게까지 돌아오시지 않는 할머니를 기다리면서 자신의 행동을 후회하고 걱정합니다. 단순히 '나'의 마음의 변화를 살펴보는 것을 넘어서 이와 같은 마음의 변화가 생기는 원인이 가족이라는 바탕에서 비롯됨을 이해할 수 있어야 합니다. 아이가 가족을 걱정했던 경험을 떠올려 보면서 가족의 의미를 이해할 수 있도록 지도해 주세요.

46-47 쪽

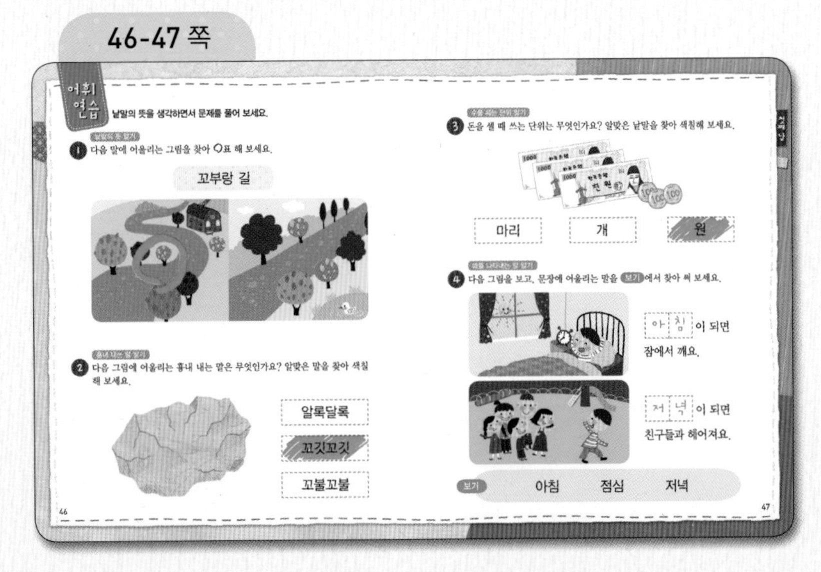

1. '꼬부랑'은 꼬불꼬불하게 휘어진 모양을 뜻하고, '꼬부랑 길'은 꼬불꼬불하게 휘어진 길을 말합니다. 두 그림 중 꼬불꼬불하게 휘어진 길을 찾아보는 문제입니다. 낱말의 정확한 뜻을 알 수 있도록 지도해 주세요.
2. '꼬깃꼬깃'은 종이나 얇은 천 등이 지저분하게 접힌 모양을 흉내 내는 말입니다. 흉내 내는 말을 익히는 활동은 아이들의 말하기 능력을 한층 높여 줄 수 있습니다. 다양한 흉내 내는 말을 익히면서 낱말에 대한 관심을 가질 수 있도록 지도해 주세요.
3. 돈을 세는 단위를 알아보는 문제입니다. 아직 돈의 개념이 명확하지 않은 아이일지라도 돈을 세는 기본 단위가 '원'이라는 것은 알 수 있어야 합니다. 돈을 세는 단위를 정확히 알고, 더불어 사물이나 동식물 등은 세는 단위가 다름을 이해할 수 있도록 지도해 주세요.
4. 그림에 어울리는 때를 알아보는 문제입니다. 시간의 개념을 잘 모르는 서툰 아이일지라도 해가 뜨는 아침과 해가 지는 저녁은 구분할 수 있습니다. 아이가 그림 속 배경을 잘 관찰하여 문장에 어울리는 때를 찾을 수 있도록 지도해 주세요. 더불어 하루를 해가 뜨는 시기부터 해가 높이 떠 있는 시기, 해가 지는 시기로 나누어 때를 구분할 수 있음을 이해시켜 주세요.

50-51 쪽

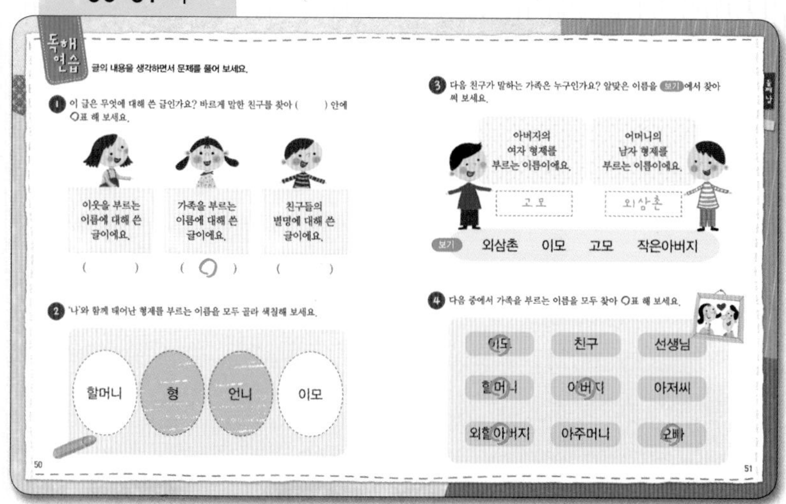

독해 연습

글의 내용을 생각하면서 문제를 풀어 보세요.

1 이 글은 무엇에 대해 쓴 글인가요? 바르게 말한 친구를 찾아 (   ) 안에 ○표 해 보세요.

이웃을 부르는 이름에 대해 쓴 글이에요. (   )

가족을 부르는 이름에 대해 쓴 글이에요. (○)

친구들의 별명에 대해 쓴 글이에요. (   )

2 '나'와 함께 태어난 형제를 부르는 이름을 모두 골라 색칠해 보세요.

할머니 형 언니 이모

50

3 다음 친구가 말하는 가족은 누구인가요? 알맞은 이름을 보기에서 찾아 써 보세요.

아버지의 여자 형제를 부르는 이름이에요. 고모

어머니의 남자 형제를 부르는 이름이에요. 외삼촌

보기 외삼촌 이모 고모 작은아버지

4 다음 중에서 가족을 부르는 이름을 모두 찾아 ○표 해 보세요.

이모 친구 선생님

할머니 아버지 아저씨

외할아버지 아주머니 오빠

51

1. 글의 종류와 중심 내용을 파악하는 문제입니다. 이 글은 친척을 포함한 가족의 호칭을 설명한 글입니다. 글을 읽으면서 중심 내용이 무엇인지 파악하는 것은 쉽지 않으므로 다양한 글을 많이 읽으면서 서서히 파악할 수 있는 능력을 기를 수 있도록 지도해 주세요.
2. 글의 내용을 이해하는 문제입니다. 나와 함께 태어난 형제를 부르는 호칭을 정확히 알고 있는지 확인할 수 있습니다. 글에서 답을 찾으려면 어렵게 느껴질 수도 있지만, 실제 나의 형제를 떠올리면 쉽게 답을 찾을 수 있습니다. 아이가 주변 인물이나 형제, 자매를 떠올려 답을 찾을 수 있도록 지도해 주세요.
3. 친척과 관련된 호칭을 이해하는 문제입니다. 아이가 나의 형제를 가리키는 호칭은 쉽게 떠올릴 수 있지만, 아버지나 어머니의 형제를 떠올려서 호칭을 답하는 것은 어려울 수 있습니다. 구체적인 인물을 떠올려 답을 찾을 수 있도록 지도해 주세요.
4. 가족의 범주를 생각해 보는 문제입니다. 좁은 뜻으로 가족은 한 부모와 그 자식들을 일컫지만, 넓은 뜻으로 대가족 시대를 기준으로 가족은 친가나 외가의 친족 관계까지 포함할 수 있습니다. 이 글에서 설명한 내용을 바탕으로 넓은 의미의 가족을 잘 이해할 수 있도록 지도해 주세요. 가족의 호칭 문제는 아이가 다소 어려워할 수 있는 내용입니다. 그러나 친구의 이름을 자연스럽게 외우듯이 여러 번 반복해서 호칭을 부르다 보면 쉽게 외워질 것입니다. 실제 인물을 떠올리며 자연스럽게 익힐 수 있도록 도와주세요.

52-53 쪽

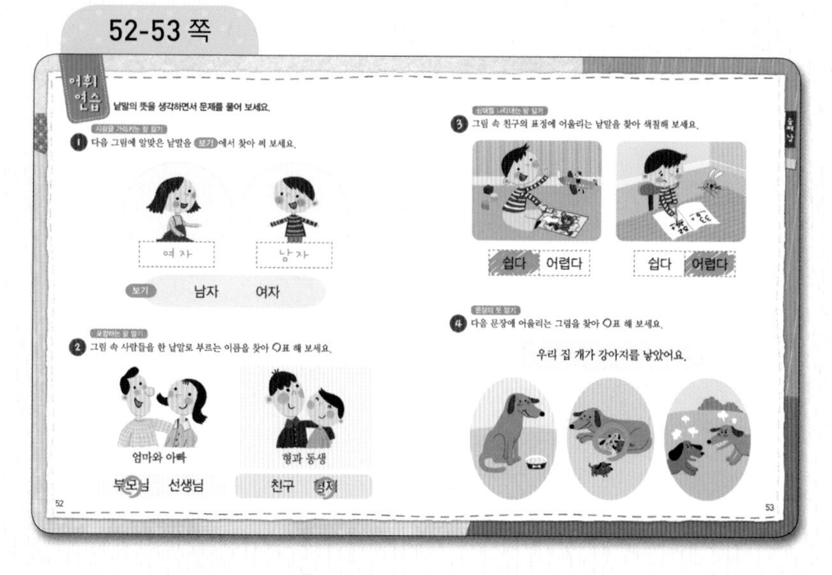

어휘 연습

낱말의 뜻을 생각하면서 문제를 풀어 보세요.

1 다음 그림에 알맞은 낱말을 보기에서 찾아 써 보세요.

여자 남자

보기 남자 여자

2 그림 속 사람들을 한 낱말로 부르는 이름을 찾아 ○표 해 보세요.

엄마와 아빠: 부모님 선생님

형과 동생: 친구 형제

52

3 그림 속 친구의 표정에 어울리는 낱말을 찾아 색칠해 보세요.

쉽다 어렵다

쉽다 어렵다

4 다음 문장에 어울리는 그림을 찾아 ○표 해 보세요.

우리 집 개가 강아지를 낳았어요.

53

1. 여자와 남자의 모습을 이해하고 낱말을 정확하게 써 보는 문제입니다. 남자와 여자의 성 구별에 큰 의미를 두지 말고, 사람을 가리키는 정확한 명칭을 알 수 있도록 지도해 주세요.
2. 가족의 포함 관계를 이해하고 정확한 낱말을 알고 있는지 확인하는 문제입니다. 같은 가족이라도 누구와 누구를 포함하느냐에 따라 호칭이 달라질 수 있음을 이해할 수 있도록 지도해 주세요.
3. '쉽다'와 '어렵다'라는 반대말을 알아보는 문제입니다. 구체적인 동작이 제시되어 있지 않아 아이에게 어려울 수 있습니다. 반대되는 상황 그림과 낱말을 보여 주어 서로 비교해 보면서 정확하게 낱말을 이해할 수 있도록 지도해 주세요.
4. 문장에 어울리는 그림을 찾아보는 문제입니다. 문장의 뜻을 알기 위해서는 문장 속에 쓰인 낱말 하나하나의 뜻을 정확히 이해하고 있어야 합니다. 주어진 문장에서 정확한 이해가 필요한 낱말은 '낳다'입니다. '낳다'는 '낫다', '낮다' 등과 발음이 비슷하여 아이가 혼동할 수 있는 낱말입니다. 정확한 글자의 모양과 낱말의 뜻을 이해할 수 있도록 지도해 주세요.

56-57 쪽

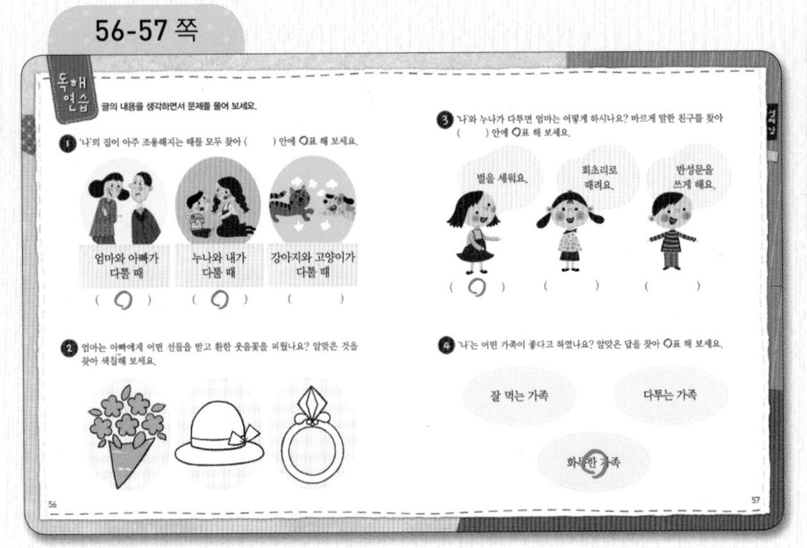

1. 글의 내용을 파악하고, 글의 중요 사건을 이해하는 문제입니다. 글 속 가족의 경우, 집 안이 아주 조용해지는 때가 두 번 있습니다. 이 두 번의 사건이 글의 중요 사건입니다. 아이가 글을 읽고 내용을 정확히 파악할 수 있도록 지도해 주세요.
2. 글의 내용을 파악하는 문제입니다. 엄마와 아빠가 다투고 난 후, 아빠가 선물한 '꽃다발'을 받은 엄마 얼굴에 웃음꽃이 피었다고 하였습니다. 아이가 혼동스러워하면 글에서 해당되는 부분만 다시 한 번 읽어 보고 답을 찾을 수 있도록 지도해 주세요.
3. 글의 내용을 파악하는 문제입니다. 누나와 내가 다투었을 때 엄마가 어떻게 하였는지 글의 내용을 떠올려 답해야 합니다. 아이의 경험을 통해서도 쉽게 찾을 수 있는 답입니다. 답을 찾은 후에는 아이의 경험도 더불어 이야기해 보면, 글의 내용을 좀 더 쉽게 이해할 수 있습니다.
4. 글의 중심 생각을 이해하는 문제입니다. 글 속의 '나'의 집이 조용해진다는 것은 평소의 모습과 다르다는 것을 뜻하며, 더불어 네 식구가 모인 집이 조용하다는 것은 집 안에 좋지 않은 일이 있었음을 짐작할 수 있습니다. 글의 제목에 담긴 '나'의 생각이 무엇인지를 파악하여 답을 찾을 수 있도록 지도해 주세요.

58-59 쪽

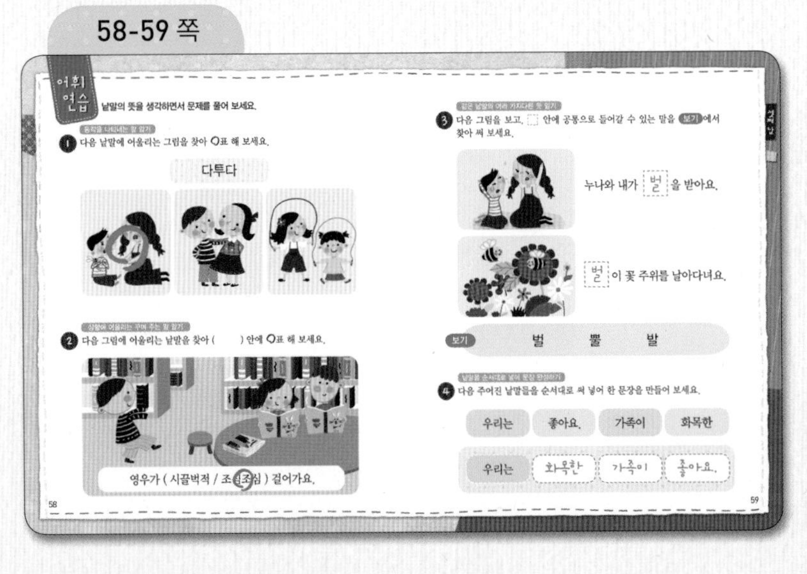

1. '다투다'는 '서로 의견 대립을 보이며 따지고 싸우다.'라는 뜻입니다. 아이에게는 '싸우다'는 낱말이 더 익숙할 수 있습니다. 같은 뜻을 가진 다양한 낱말을 익히는 것은 아이의 독해력 향상에 도움을 줍니다. 아이가 다양한 낱말을 접할 수 있도록 도와주세요.
2. 그림에 어울리는 꾸며 주는 말을 찾아보는 문제입니다. 그림의 상황을 파악하고 어울리는 말이 무엇인지 찾아볼 수 있도록 지도해 주세요. 더불어 이처럼 꾸며 주는 말을 넣으면 문장의 뜻이 좀 더 자세해진다는 것을 이해시켜 주세요.
3. 같은 소리의 낱말이 여러 가지 뜻을 가진 동음이의어를 물어보는 문제입니다. 생활 속에서 흔히 접하는 동음이의어의 예를 다양하게 살펴보며 어휘력을 기를 수 있도록 도와주세요.
4. 순서가 바뀐 낱말들을 바르게 배열하여 문장을 만들어 보는 문제입니다. 아직 낱말 학습 단계의 아이에게 이 활동은 어려울 수 있습니다. 글을 여러 번 반복하여 읽으면서 자연스럽게 문장의 순서를 익힐 수 있도록 지도해 주세요.

62-63 쪽

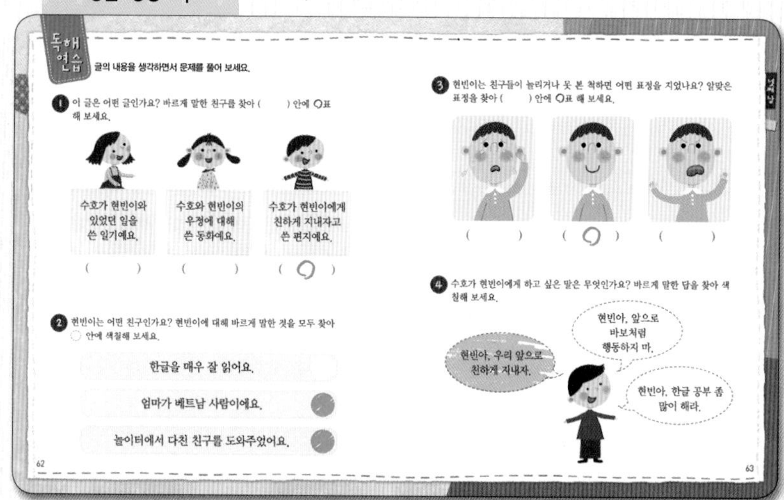
독해 연습 글의 내용을 생각하면서 문제를 풀어 보세요.

1 이 글은 어떤 글인가요? 바르게 말한 친구를 찾아 ( ) 안에 ○표 해 보세요.

수호가 현빈이와 있었던 일을 쓴 일기예요. ( )
수호와 현빈이의 우정에 대해 쓴 동화예요. ( )
수호가 현빈이에게 친하게 지내자고 쓴 편지예요. (○)

2 현빈이는 어떤 친구인가요? 현빈이에 대해 바르게 말한 것을 모두 찾아 ○ 안에 색칠해 보세요.

한글을 매우 잘 읽어요.
엄마가 베트남 사람이에요.
놀이터에서 다친 친구를 도와주었어요.

3 현빈이는 친구들이 놀리거나 못 본 척하면 어떤 표정을 지었나요? 알맞은 표정을 찾아 ( ) 안에 ○표 해 보세요.

( ) (○) ( )

4 수호가 현빈이에게 하고 싶은 말은 무엇인가요? 바르게 말한 답을 찾아 색칠해 보세요.

현빈아, 앞으로 바보처럼 행동하지 마.
현빈아, 우리 앞으로 친하게 지내자.
현빈아, 한글 공부 좀 많이 해라.

62 63

1. 글의 종류와 중심 내용을 알아보는 문제입니다. 편지는 아이가 쉽게 접하는 글의 종류입니다. 편지의 형식(첫인사나 쓴 날짜 등)을 이해하고, 누가 쓴 편지인지 확인해 보면서 하고 싶은 말이 무엇인지 중심 내용까지 파악할 수 있도록 지도해 주세요.
2. 글을 읽고 등장인물의 특징을 파악하는 문제입니다. 편지를 받는 사람인 현빈이에 대해 알 수 있는 내용을 찾아보면서 다문화 가정의 아이에 대해 자연스럽게 받아들일 수 있도록 도와주세요.
3. 등장인물의 행동을 파악하는 문제입니다. 현빈이는 친구들이 여러 가지 이유로 놀리거나 못 본 척해도 항상 웃는 얼굴을 한다고 하였습니다. 현빈이의 특징 중 성격을 알 수 있는 부분입니다. 글을 읽을 때 인물의 성격을 파악하는 것은 중요하므로 현빈이의 행동을 통해 알 수 있는 성격도 말해 볼 수 있도록 지도해 주세요.
4. 글의 중심 생각을 파악하는 문제입니다. 편지에서 중심 생각은 편지를 쓴 사람이 가장 하고 싶은 말에 담겨 있습니다. 이 글에서 편지를 쓴 수호는 현빈이에게 그동안 놀린 일을 사과하면서 앞으로 친하게 지내자는 말을 하고 있습니다. 독해력을 키우는 활동에서 가장 어려운 것이 글의 중심 생각은 파악하는 것입니다. 쉬운 글부터 읽어 가면서 글의 중심 생각은 찾는 훈련을 할 수 있도록 지도해 주세요.

64-65 쪽

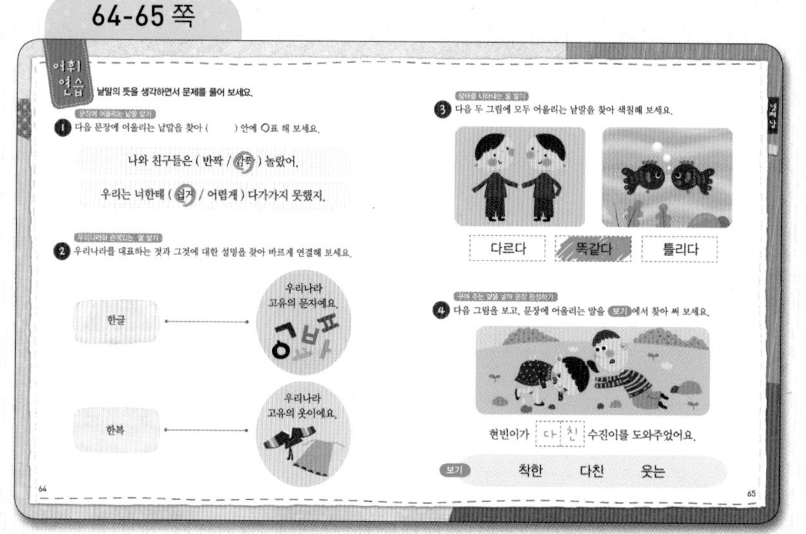
어휘 연습 낱말의 뜻을 생각하면서 문제를 풀어 보세요.

1 다음 문장에 어울리는 낱말을 찾아 ( ) 안에 ○표 해 보세요.

나와 친구들은 (반짝 / 깜짝) 놀랐어.
우리는 너한테 (쉽게 / 어렵게) 다가가지 못했지.

2 우리나라를 대표하는 것과 그것에 대한 설명을 찾아 바르게 연결해 보세요.

한글 — 우리나라 고유의 문자예요.
한복 — 우리나라 고유의 옷이에요.

3 다음 두 그림에 모두 어울리는 낱말을 찾아 색칠해 보세요.

다르다 똑같다 틀리다

4 다음 그림을 보고, 문장에 어울리는 말을 보기에서 찾아 써 보세요.

현빈이가 다친 수진이를 도와주었어요.

보기 착한 다친 웃는

64 65

1. 문장에 어울리는 낱말을 알아보는 문제입니다. '놀라다'는 말을 꾸며 줄 때에는 '깜짝'이 어울립니다. 그리고 '다가가지 못하다'와 어울릴 수 있는 말은 '쉽게'입니다. 이러한 표현은 함께 어울려 사용되는 말들이므로, 아이가 비슷한 문장을 자주 접하면서 자연스럽게 이해할 수 있도록 지도해 주세요.
2. 우리나라의 글자와 옷에 대해 알아보는 문제입니다. 독해 문제의 한 영역으로 볼 수도 있지만, 정확한 글자 모양을 이해해야 하는 문제이므로, 어휘력 영역으로 포함시켰습니다. 아이가 우리 문화에 대해 관심을 가지고 한글과 한복에 대하여 알 수 있도록 지도해 주세요.
3. 그림의 내용을 파악하고 상태를 나타내는 말을 알아보는 문제입니다. '다르다'는 '똑같다'와 반대되는 낱말이고, '틀리다'는 '맞지 않다.'라는 뜻입니다. 낱말 뜻의 차이를 알고 답을 찾아볼 수 있도록 지도해 주세요.
4. 그림의 내용을 파악하고 문장에 어울리는 꾸며 주는 말을 알아보는 문제입니다. 먼저 그림을 보고 상황을 이해하면서 그림 속 상황에 어울리는 꾸며 주는 말을 찾아볼 수 있도록 지도해 주세요.

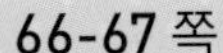

66-67 쪽

1. 글의 중심 내용을 이해하는 문제입니다. 할머니의 별명이 '꼬부랑 할머니'가 된 데에는 그에 맞은 까닭이 있기 때문입니다. 글을 천천히 읽다 보면 쉽게 찾을 수 있습니다. 아이가 글의 내용을 이해하고 답을 찾을 수 있도록 지도해 주세요.
2. 그림 속 친구의 표정에 어울리는 낱말을 찾아보는 문제입니다. 그림 속 상황과 친구의 표정을 파악한 다음, 어울리는 낱말을 찾을 수 있도록 지도해 주세요.
3. 가족의 호칭 중에서 '아버지'를 낳아 주신 분을 부르는 호칭을 찾아보는 문제입니다. 아이들은 할아버지, 할머니와 외할아버지, 외할머니를 구별하는 것을 어려워할 수 있습니다. 아이에게 실제 인물을 떠올리게 하여 아버지를 낳아 주신 분과 어머니를 낳아 주신 분을 구별해 볼 수 있도록 지도해 주세요.
4. 문장 속에서 호응되는 말을 알아보는 문제입니다. 유치원 연령대의 아이에게는 어려운 문제입니다. 빈칸에 넣어 자연스럽게 어울리는 말을 찾을 수 있도록 하는 것이 좋습니다. 비슷한 문장을 여러 개 만들어 주어 아이가 '만약 ~라면'이라는 형태를 익힐 수 있도록 지도해 주세요.

68-69 쪽

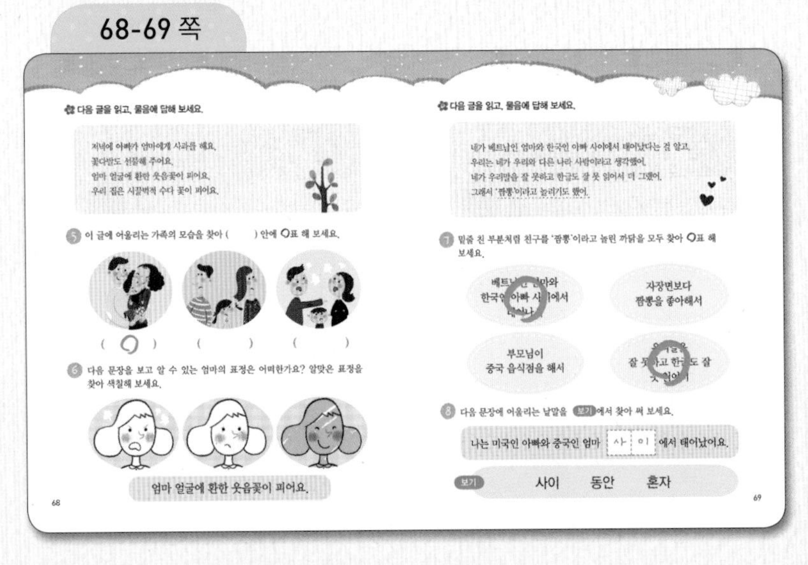

5. 글의 전체 내용을 파악하는 문제입니다. 글 속에서 '나'의 가족은 수다 꽃을 피우면서 화목한 모습을 보이고 있습니다. 글의 내용을 이해하고 어울리는 가족의 모습을 찾을 수 있도록 지도해 주세요.
6. 문장 속 인물의 표정을 찾아보는 문제입니다. 먼저 문장을 읽고 엄마의 표정을 빗대어 표현한 말의 의미를 생각해 보아야 합니다. 엄마 얼굴을 '웃음꽃'에 빗대어 표현한 까닭을 생각해 보면서 말의 재미를 느낄 수 있도록 지도해 주세요.
7. 글 속 등장인물에게 붙은 별명의 원인을 찾아보는 문제입니다. 흔히 '짬뽕'이라는 별명은 무엇이 섞였을 때 사용하는 표현입니다. 다문화 가정의 친구에게 이런 별명이 붙게 된 원인을 찾아볼 수 있도록 지도해 주세요. 더불어 좋지 않은 별명을 부르는 것에 대한 문제점도 말해 볼 수 있도록 도와주세요.
8. 문장에 어울리는 낱말을 찾아 쓰는 문제입니다. 무엇(한 곳)과 무엇(다른 곳)을 연결해 주는 낱말로 쓰이는 '사이'는 글 속에서 많이 접하는 낱말입니다. '사이'라는 낱말이 쓰이는 다양한 경우를 보여 주어 독해력 향상에 도움을 줄 수 있도록 지도해 주세요.

70 쪽

가족을 부르는 이름을 알아요

알맞은 가족 이름을 찾아보는 ○, × 퀴즈예요.

카드에 적힌 퀴즈 문제를 읽고 맞으면 ○에, 틀리면 ×에 동그라미를 하세요. 그리고 ×에 동그라미를 한 카드의 가족 이름을 바르게 고쳐 보세요.

- '나'를 낳아 주신 분은 엄마, 아빠예요. (○)
- 아버지의 형은 ~~작은아버지~~예요. 큰아버지 (×)
- 어머니의 언니는 ~~고모~~예요. 이모 (×)
- 아버지의 여동생과 결혼하신 분은 ~~이모부~~예요. 고모부 (×)
- 어머니의 남동생과 결혼하신 분은 외숙모예요. (○)
- 어머니의 어머니는 외할머니예요. (○)

70

- 이 놀이 마당은 퀴즈를 풀어 보면서 가족 간의 호칭을 다시 한 번 확인해 보는 활동입니다.

이미 앞의 글에서 익힌 호칭도 있고, 익히지 않은 호칭도 있습니다.
그리고 앞의 글과 다르게 설명한 부분도 있습니다.
호칭을 설명하는 다양한 내용들을 접하면서 가족 관계를 좀 더 자세하게 이해할 수 있습니다.
또한 이모와 이모부, 고모와 고모부, 외삼촌과 외숙모, 큰아버지와 큰어머니, 작은아버지와 작은어머니처럼 결혼한 가족의 호칭도 학습할 수 있습니다.

놀이를 통해 가족의 호칭을 접하면서 다양한 가족 구성원에 대하여 알 수 있고 자신도 그 중 한 사람이라는 사실도 깨닫게 될 수 있습니다.

76-77 쪽

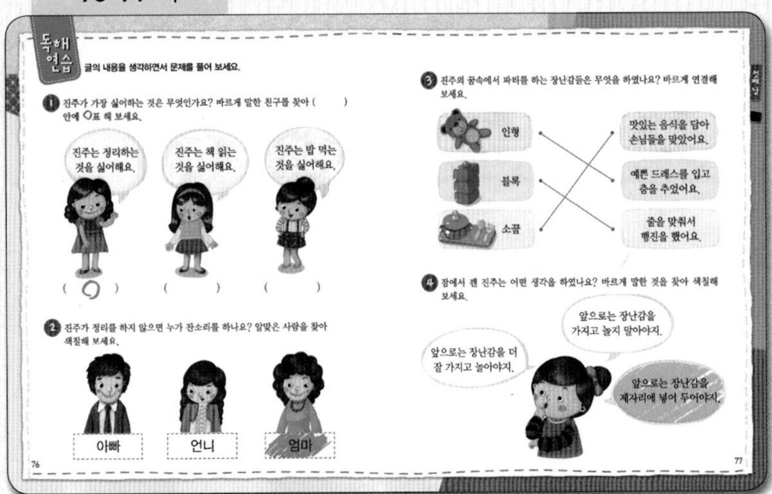

독해 연습 글의 내용을 생각하면서 문제를 풀어 보세요.

1 진주가 가장 싫어하는 것은 무엇인가요? 바르게 말한 친구를 찾아 (　　) 안에 ○표 해 보세요.

진주는 정리하는 것을 싫어해요. (○)

진주는 책 읽는 것을 싫어해요. (　　)

진주는 밥 먹는 것을 싫어해요. (　　)

2 진주가 정리를 하지 않으면 누가 잔소리를 하나요? 알맞은 사람을 찾아 색칠해 보세요.

아빠　언니　엄마

3 진주의 꿈속에서 파티를 하는 장난감들은 무엇을 하였나요? 바르게 연결해 보세요.

인형 · 　· 맛있는 음식을 담아 손님들을 맞았어요.

블록 · 　· 예쁜 드레스를 입고 춤을 추었어요.

소꿉 · 　· 줄을 맞춰서 행진을 했어요.

4 잠에서 깬 진주는 어떤 생각을 하였나요? 바르게 말한 것을 찾아 색칠해 보세요.

앞으로는 장난감을 가지고 놀지 말아야지.

앞으로는 장난감을 더 잘 가지고 놀아야지.

앞으로는 장난감을 제자리에 넣어 두어야지.

76　77

1. 중심인물의 특징을 알아보는 문제입니다. 중심인물인 진주가 평소에 어떻게 생활하는지 살펴보면서 인물의 특징을 파악할 수 있습니다. 인물의 특징을 파악하는 것은 글의 중심 사건을 이해하는 데에 큰 도움이 됩니다. 아이가 앞으로도 글을 읽으면서 인물의 특징이나 성격 등을 파악할 수 있도록 지도해 주세요.
2. 중심인물과 주변 인물 간의 관계를 알아보는 문제입니다. 중심인물인 '진주'의 나쁜 생활 습관을 꾸짖고 바른 길로 안내하려는 주변 인물은 진주의 엄마입니다. 아이들이 평소에 직접 겪는 일을 바탕으로 공감을 느낄 수 있습니다. 아이가 중심인물과 주변 인물의 관계를 정확히 이해할 수 있도록 지도해 주세요.
3. 중심 사건을 알아보는 문제입니다. 이야기 속에서 중요한 사건은 진주의 꿈속에서 일어난 일입니다. 진주가 장난감을 가지고 논 일과 꿈속에서 일어난 사건을 정확히 구분할 수 있도록 지도해 주세요.
4. 중심인물의 마음의 변화를 알아보는 문제입니다. 이 글에서 중심인물인 '진주'는 정리를 싫어하는 아이였으나, 꿈을 꾸고 난 뒤 생각이 바뀌게 됩니다. 중심인물의 생각이 어떻게 바뀌었는지 정확히 파악하면서 바뀌게 된 까닭을 짚어 주면 글을 이해하는 폭이 깊어질 것입니다.

78-79 쪽

어휘 연습 낱말의 뜻을 생각하면서 문제를 풀어 보세요.

1 다음 그림에 어울리는 말을 찾아 색칠해 보세요.

여기저기　우왕좌왕　옹기종기

2 다음 그림을 보고, 어울리는 말을 찾아 (　　) 안에 ○표 해 보세요.

생쥐가 구멍 속으로 (꾸욱 / 쏘옥) 들어갔어요.

3 다음 그림 속 물건들을 모두 포함할 수 있는 말을 찾아 색칠해 보세요.

장난감　학용품

4 다음 그림을 보고, 문장에 어울리는 말을 보기에서 찾아 써 보세요.

진주가 잠을 자요.

진주가 잠에서 깨요.

보기 자요　깨요

78　79

1. '우왕좌왕'은 이리저리 왔다갔다 하면서 방향을 종잡지 못하는 모양을 표현한 말입니다. 아이에게는 다소 어려울 수 있는 낱말이지만, 풍부한 어휘력 습득을 위해 필요한 학습입니다. 어려운 한자어의 뜻까지 이해시키려고 하지 말고 한 낱말로 자연스럽게 받아들일 수 있도록 지도해 주세요.
2. '쏘옥'은 안으로 깊이 들어가거나 밖으로 볼록하게 내미는 모양을 흉내 내는 말로, '쏙'을 늘여서 표현한 말입니다. 국어사전에는 나와 있지 않지만, 뜻을 강조하거나 말의 재미를 살리기 위해 허용하는 말입니다. 아이가 이러한 말의 재미를 느낄 수 있도록 지도해 주세요.
3. 포함하는 말과 포함되는 말의 관계를 알아보는 문제입니다. 이 관계를 이해하려면 큰 범주의 낱말과 작은 범주의 낱말을 이해하고 있어야 합니다. 평소 아이와 큰 범주와 작은 범주의 낱말들을 파악하는 놀이를 자주 하여 포함 관계의 말을 잘 이해할 수 있도록 지도해 주세요.
4. 그림에 어울리는 말을 쓰는 문제이면서, 동시에 반대말을 알아보는 문제입니다. '자다'는 말과 '깨다'는 말은 평소 생활에서 많이 사용하는 낱말입니다. 아이의 생활 속 경험을 바탕으로 '자다'와 '깨다'가 서로 반대말이라는 점을 이해시켜 주세요. 더불어 자주 쓰기 활동을 접하게 하여 쓰기에 대한 부담감을 줄일 수 있도록 도와주세요.

82-83 쪽

독해 연습 글의 내용을 생각하면서 문제를 풀어 보세요.

1. 이 글은 어떤 글인가요? 알맞은 답을 말한 친구를 찾아 (　　) 안에 ○표 해 보세요.

고마운 사람에게 마음을 전하는 편지예요. (　　)
하루 동안의 일 중에서 인상 깊었던 일을 쓴 일기예요. (○)
상상한 일을 재미있게 꾸며 쓴 이야기예요. (　　)

2. 이 글의 '나'는 몇 시에 일어났나요? 알맞은 답을 찾아 색칠해 보세요.

아홉 시　열 시　열한 시

3. 이 글의 '나'가 놀이터에서 본 모습은 무엇인가요? 알맞은 그림을 찾아 (　　) 안에 ○표 해 보세요.

(　　)　(○)　(　　)

4. 이 글의 '나'가 규칙적인 생활을 해야겠다고 생각한 까닭은 무엇인가요? 알맞은 답을 말한 친구를 모두 찾아 (　　) 안에 ○표 해 보세요.

늦게 일어나서 혼자 밥을 먹으니 밥맛이 없었기 때문이에요. (○)
놀이터에 갔는데 친구들이 한 명도 없었기 때문이에요. (○)
늦게 일어나서 가족들과 놀지 못했기 때문이에요. (　　)

82　83

1. 글의 종류를 알아보는 문제입니다. 글의 처음 부분에 날짜와 날씨가 쓰여 있는 형식의 글은 일기입니다. 아이가 가장 쉽게 접할 수 있는 글의 종류이지만, 일기의 형식을 이해하기는 어려울 수 있습니다. '하루 동안의 일 중에서 기억에 남는 일을 쓴 글'이 일기라는 정도로 이해할 수 있도록 도와주세요.
2. 글의 내용을 이해하는 문제입니다. 일기를 쓴 '나'가 일어난 시각을 확인하면서 늦잠을 잔 일을 다시 한 번 떠올릴 수 있습니다. 단순한 독해 문제이지만, 시계를 보는 활동이 더해 있어 아이에 따라 어려워할 수 있습니다. 아이가 글의 내용을 이해하면서 더불어 시계를 보는 방법도 알 수 있도록 지도해 주세요.
3. 글 속의 '나'가 본 모습을 알아보는 문제입니다. 실제로 '나'가 하루의 생활을 반성하게 되는 계기와도 관련이 있습니다. 답을 쉽게 찾을 수 있는 문제이므로, 그림을 자세히 보고 정확히 답을 찾을 수 있도록 지도해 주세요.
4. 글쓴이의 마음이 변하게 된 원인을 파악하는 문제입니다. 글 속의 '나'는 방학이 되어 늦잠을 잘 수 있어서 좋아했지만 결국 일찍 일어나서 규칙적인 생활을 해야겠다고 결심하게 됩니다. 마음이 변화된 원인을 파악하는 것은 글의 전반적인 내용을 이해해야 가능합니다. 아이가 글의 전반적인 내용을 이해할 수 있도록 지도해 주세요.

84-85 쪽

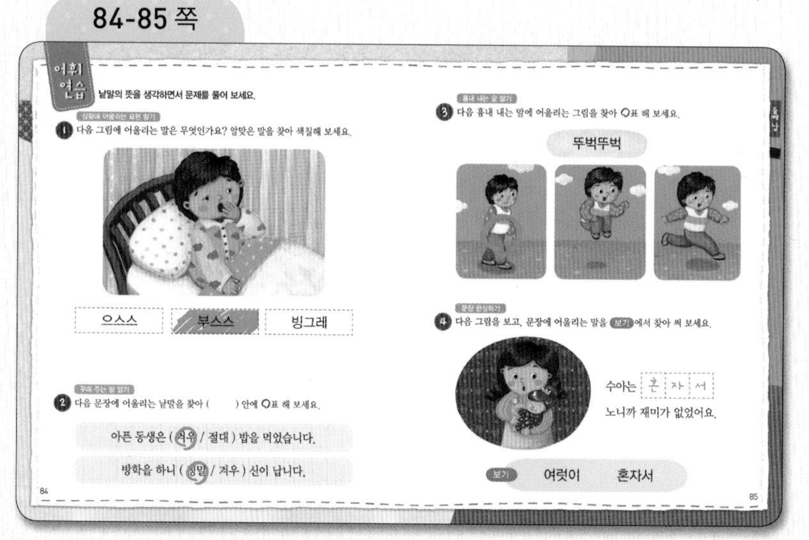
어휘 연습 낱말의 뜻을 생각하면서 문제를 풀어 보세요.

1. 다음 그림에 어울리는 말은 무엇인가요? 알맞은 말을 찾아 색칠해 보세요.

으스스　부스스　빙그레

2. 다음 문장에 어울리는 낱말을 찾아 (　　) 안에 ○표 해 보세요.

아픈 동생은 (겨우 / 절대) 밥을 먹었습니다.
방학을 하니 (정말 / 겨우) 신이 납니다.

3. 다음 흉내 내는 말에 어울리는 그림을 찾아 ○표 해 보세요.

뚜벅뚜벅

4. 다음 그림을 보고, 문장에 어울리는 말을 보기에서 찾아 써 보세요.

수아는 혼자서 노니까 재미가 없었어요.

보기　여럿이　혼자서

84　85

1. '부스스'는 누웠거나 앉았다가 느리게 슬그머니 일어나는 모양을 나타내는 말입니다. 모양이나 소리를 나타내는 말은 바로 연상이 되기도 하지만, 평소에 자주 사용하여 익히게 되는 경우가 많습니다. 다양한 문장 속에 이 낱말을 적용하여 아이가 익숙해질 수 있도록 지도해 주세요.
2. 문장 속에 어울리는 꾸며 주는 말을 찾는 문제입니다. 문장 속에 어울리는 낱말을 찾을 때에는 문장 전체의 뜻과 어울리는지 살펴보고 앞뒤 낱말과의 관계를 따져 보아야 합니다. 아이가 문장의 의미를 정확히 이해할 수 있도록 지도해 주세요.
3. '뚜벅뚜벅'은 발자국 소리를 뚜렷이 내며 잇따라 걸어가는 소리나 모양을 흉내 내는 말입니다. 흉내 내는 말은 말의 재미를 알게 하는 데에 매우 효과적입니다. 아이가 흉내 내는 말을 익히며 말의 재미를 느낄 수 있도록 지도해 주세요.
4. 문장에 어울리는 말을 찾아보는 문제입니다. 먼저 그림을 보고 어떤 상황인지 파악한 후, 〈보기〉의 낱말들이 어떤 뜻을 가지고 있는지 생각해 봅니다. 그리고 문장 속에 필요한 낱말이 무엇인지 찾아 쓰게 합니다. 문장 완성하기 학습은 단순히 쓰기 학습에만 중점을 두는 것이 아니라 문장이 여러 낱말로 이루어진다는 점을 이해시키는 학습임을 염두에 두세요.

88-89 쪽

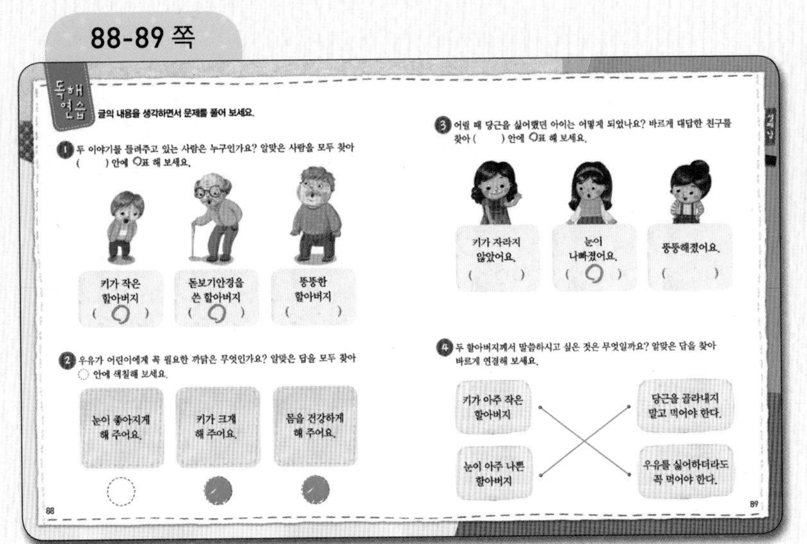

1. 이야기를 풀어가는 인물을 찾아보는 문제입니다. 두 이야기를 풀어가는 인물이 누구인지 정확히 알고 있으면, 이야기의 내용을 이해하는 데에 도움이 됩니다. 쉽게 답을 찾을 수 있는 문제이므로, 아이 스스로 답할 수 있도록 지도해 주세요.
2. 글의 내용을 파악하는 문제입니다. 키가 아주 작은 할아버지가 들려주는 이야기 속에서 우유가 필요한 까닭을 쉽게 찾을 수 있습니다. 우유는 우리의 건강에 여러 모로 좋지만 글 속에 있는 답을 찾는 것임에 유의하여 아이가 답을 찾을 수 있도록 지도해 주세요.
3. 글의 내용을 파악하는 문제입니다. 당근을 싫어하는 아이에 대한 이야기는 눈이 아주 나쁜 할아버지가 들려 주었다는 것을 떠올리면 쉽게 답을 찾을 수 있습니다.
4. 글의 중심 생각을 이해하는 문제입니다. 글 속의 두 할아버지께서 말씀하시고 싶은 것이 글의 중심 생각입니다. 우유와 당근을 싫어하는 어린이는 주변에서 쉽게 찾을 수 있습니다. 글의 중심 생각을 찾아보면서, 평소 아이의 식습관도 함께 이야기를 해 보면 좋은 학습이 될 것입니다.

90-91 쪽

1. 웃음소리를 흉내 내는 말을 찾아보는 문제입니다. 소리를 흉내 내는 말은 다양하게 생각해 볼 수 있습니다. 여기에서는 일반적으로 생각하는 사람들의 웃음소리이므로, 일반적인 답을 찾으면 됩니다. 보통, 할아버지나 아버지는 '허허허', 할머니나 어머니는 '호호호', 어린이는 '하하하', '낄낄낄' 등으로 웃음소리를 표현합니다.
2. 그림을 보고 반대되는 뜻을 가진 낱말을 찾아보는 문제입니다. '좋아하다'와 '싫어하다'는 감정의 표현은 아이가 많이 접해온 낱말입니다. 평소 말로 하던 것과 그림을 보고 낱말로 찾아보는 활동은 다를 수 있습니다. 맞춤법을 정확하게 알 수 있도록 지도해 주세요.
3. 그림에 어울리는 말을 찾는 문제입니다. 더불어 반대되는 뜻의 낱말도 알 수 있습니다. '무겁다'와 '가볍다'가 무게를 나타내는 말임을 이해시키고, 이 낱말을 이용하여 다른 문장도 추가로 만들어 보세요.
4. 순서가 바뀐 낱말들을 바르게 배열하여 문장을 만들어 보는 문제입니다. 아직 낱말 학습 단계의 아이에게 이 활동은 어려울 수 있습니다. 글을 여러 번 반복하여 읽으면서 자연스럽게 문장의 순서를 익힐 수 있도록 지도해 주세요.

94-95 쪽

독해 연습 글의 내용을 생각하면서 문제를 풀어 보세요.

1. 이 글은 무엇에 대하여 쓴 글인가요? 바르게 말한 친구를 찾아 ( ) 안에 ○표 해 보세요.

컴퓨터 게임을 하면 좋은 점에 대하여 말하고 있어요. ( )

텔레비전을 보면 좋은 점에 대하여 말하고 있어요. ( )

책을 읽으면 좋은 점에 대하여 말하고 있어요. (○)

2. 이 글에서 말한 내용과 맞으면 ◯ 안에 ○표, 틀리면 ×표 해 보세요.

책속에는 다양한 정보들이 들어 있어요. ○

책을 읽는 것은 컴퓨터 게임을 하는 것보다 재미없어요. ×

우리는 책을 통해 여러 친구들을 만날 수 있어요. ○

3. 이 글에서는 책을 읽으면 어떤 점이 좋다고 하였나요? 알맞은 답을 모두 찾아 색칠해 보세요.

4. 이 글을 쓴 사람이 말하고 싶은 것은 무엇인가요? 보기 에서 알맞은 말을 찾아 써 보세요.

책을 많이 읽어서 지식 도 얻고, 친구들의 마음 도 생각할 수 있는 어린이가 되어 보세요.

보기 마음 생각 지식

94 95

1. 글의 중심 글감을 알아보는 문제입니다. 이 글은 책을 읽으면 좋은 점에 대하여 쓴 글입니다. 아이가 글을 읽으면서 중심 글감을 정확히 파악할 수 있도록 지도해 주세요.
2. 문제의 글을 읽고 글의 내용과 맞는지 틀린지 파악하는 문제입니다. 초등학교 국어 시험에 자주 등장하는 문제 형식입니다. 이 문제를 풀기 위해서는 글의 전체 내용을 정확히 이해하고 있어야 합니다. 글의 내용이 잘 생각나지 않으면 다시 읽고 문제를 풀 수 있게 해주세요.
3. 글의 중심 내용을 파악하는 문제입니다. 이 글은 책을 읽으면 좋은 점을 근거로 들어 주장을 펴고 있는 글입니다. 따라서 근거에 해당하는 내용이 중심 내용이 됩니다. 아이가 글에서 중심 내용과 그렇지 않은 내용을 정확히 구분할 수 있도록 지도해 주세요.
4. 글쓴이의 중심 생각(의견)을 파악하는 문제입니다. 주장하는 글에서 가장 중요한 것은 주장(의견)과 그 까닭(근거)을 찾는 것입니다. 글에서 어떤 주장을 하기 위해 어떠한 근거를 들었는지를 정확히 파악하면 글의 내용을 쉽게 이해할 수 있습니다. 이 글은 책을 읽자는 주장(의견)을 내세우기 위하여 책을 읽으면 좋은 점을 들고 있습니다. 주장하는 글의 의미까지 이해시키기는 어려우므로, 글쓴이의 의견이 무엇이고 의견을 위해 어떤 까닭을 들었는지 정도로 쉽게 적용하여 지도해 주세요.

96-97 쪽

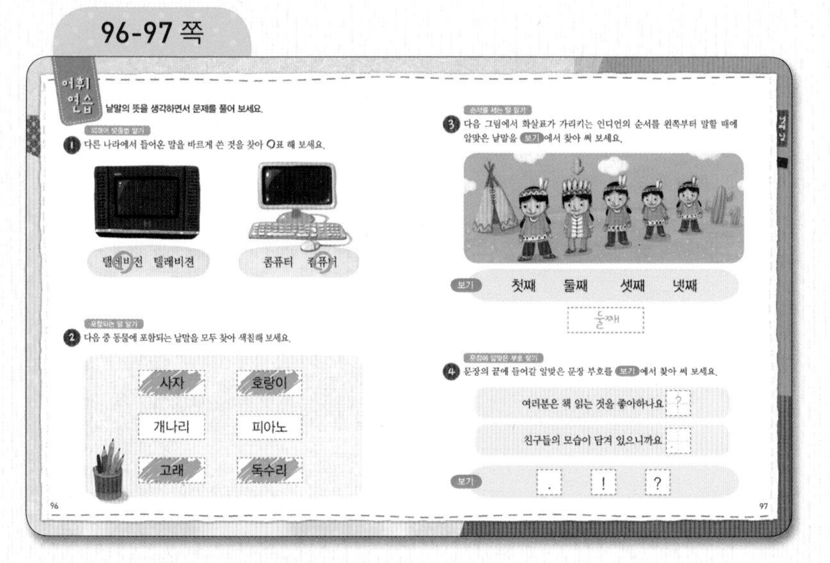
어휘 연습 낱말의 뜻을 생각하면서 문제를 풀어 보세요.

1. 다른 나라에서 들어온 말을 바르게 쓴 것을 찾아 ○표 해 보세요.

(텔레비전) 텔레비젼 콤퓨터 (컴퓨터)

2. 다음 중 동물에 포함되는 낱말을 모두 찾아 색칠해 보세요.

사자 호랑이 개나리 피아노 고래 독수리

3. 다음 그림에서 화살표가 가리키는 인디언의 순서를 왼쪽부터 말할 때에 알맞은 낱말을 보기 에서 찾아 써 보세요.

보기 첫째 둘째 셋째 넷째

둘째

4. 문장의 끝에 들어갈 알맞은 문장 부호를 보기 에서 찾아 써 보세요.

여러분은 책 읽는 것을 좋아하나요 ?

친구들의 모습이 담겨 있으니까요 .

보기 . ! ?

96 97

1. 외래어 맞춤법을 알아보는 문제입니다. 외국에서 들어왔지만 이제는 일상적인 우리말처럼 사용하는 말을 외래어라고 하는데, 외래어는 외국어 발음을 우리말로 옮긴 것이므로 맞춤법이 헷갈릴 수 있습니다. 텔레비전이나 컴퓨터 같은 일상생활 용품은 자주 쓰는 말이므로, 아이가 맞춤법을 바르게 알아 둘 수 있도록 지도해 주세요..
2. 포함되는 말과 포함하는 말의 관계를 알아보는 문제입니다. 동물에 포함되는 말을 찾는 문제로 아이에게 친근하고 쉬운 활동입니다. 아이가 평소 알고 있던 정보 속에서 답을 찾아볼 수 있도록 지도해 주세요.
3. 순서를 세는 말을 알아보는 문제입니다. 순서를 세는 방법은 다양합니다. 차례대로 서 있는 인디언 그림을 보면서 순서를 한 번 말해 본 다음 써 볼 수 있도록 지도해 주세요.
4. 문장에 알맞은 문장 부호를 찾는 문제입니다. 문장 부호 학습은 초등학교 1학년에서 다루고 있습니다. 문장의 정확한 의미를 이해하려면 문장 부호까지 완벽하게 이해해야 합니다. 문장 부호에 따라서 문장의 의미가 달라질 수 있으니까요. 아이가 문장의 뜻을 정확히 이해하고 알맞은 문장 부호를 찾을 수 있도록 지도해 주세요.

98-99 쪽

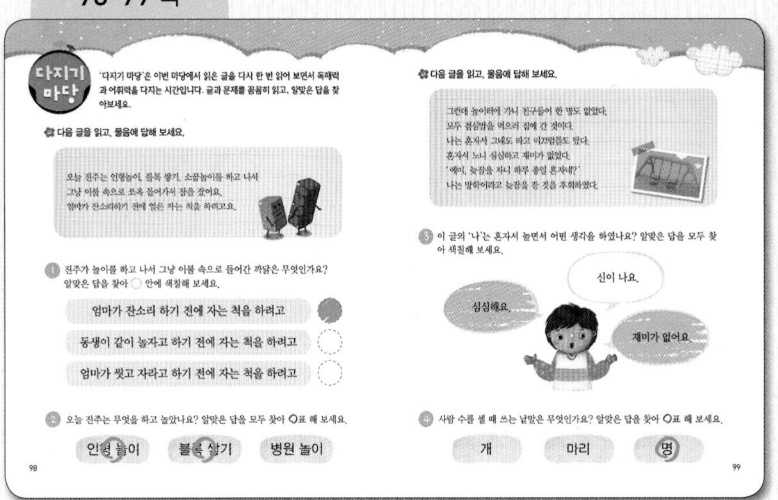

다지기 마당

'다지기 마당'은 이번 마당에서 읽은 글을 다시 한 번 읽어 보면서 독해력과 어휘력을 다지는 시간입니다. 글과 문제를 꼼꼼히 읽고, 알맞은 답을 찾아보세요.

다음 글을 읽고, 물음에 답해 보세요.

오늘 진주는 인형놀이, 블록 쌓기, 소꿉놀이를 하고 나서
그냥 이불 속으로 쏘옥 들어가서 잠을 잤어요.
엄마가 잔소리하기 전에 얼른 자는 척을 하려고요.

1. 진주가 놀이를 하고 나서 그냥 이불 속으로 들어간 까닭은 무엇인가요? 알맞은 답을 찾아 ◌ 안에 색칠해 보세요.

- 엄마가 잔소리 하기 전에 자는 척을 하려고
- 동생이 같이 놀자고 하기 전에 자는 척을 하려고
- 엄마가 씻고 자라고 하기 전에 자는 척을 하려고

2. 오늘 진주는 무엇을 하고 놀았나요? 알맞은 답을 모두 찾아 ○표 해 보세요.

인형 놀이 / 블록 쌓기 / 병원 놀이

98

다음 글을 읽고, 물음에 답해 보세요.

그런데 놀이터에 가니 친구들이 한 명도 없었다.
모두 점심밥을 먹으러 집에 간 것이다.
나는 혼자서 그네도 타고 미끄럼틀도 탔다.
혼자서 노니 심심하고 재미가 없었다.
'에이, 늦잠을 자니 하루 종일 혼자네?'
나는 방학이라고 늦잠을 잔 것을 후회하였다.

3. 이 글의 '나'는 혼자서 놀면서 어떤 생각을 하였나요? 알맞은 답을 모두 찾아 색칠해 보세요.

4. 사람 수를 셀 때 쓰는 낱말은 무엇인가요? 알맞은 답을 찾아 ○표 해 보세요.

개 / 마리 / 명

99

1. 중심인물의 행동에 대한 원인을 찾아보는 문제입니다. 글 속 중심인물인 진주가 이불 속으로 들어간 까닭이 무엇인지 알아봄으로써, 주어진 글의 내용을 정확히 이해하고 있는지 판단할 수 있습니다. 아이 스스로 답을 찾아볼 수 있도록 지도해 주세요.
2. 오늘 진주가 한 놀이의 종류를 정확히 알고 있는지 파악하는 문제입니다. 아이가 꼼꼼하게 글을 읽었다면 쉽게 풀 수 있습니다. 만약 잘 알지 못한다면 다시 한 번 읽어 보게 한 후 다음 번에는 천천히 주의를 기울여 읽도록 지도해 주세요.
3. 글 속의 중심인물이 생각한 내용을 알아보는 문제입니다. 중심인물인 '나'가 혼자서 놀면서 어떤 생각을 했는지 살펴보며 답을 찾을 수 있도록 도와주세요. 더불어 글에서 생각을 표현할 때에는 작은따옴표를 사용한다는 점도 함께 지도해 주면 좋습니다.
4. 단위를 알아보는 문제입니다. 우리말은 어떤 대상인지에 따라 그 수를 세는 단위가 달라집니다. 따라서 사람을 셀 때 쓰는 낱말, 물건을 셀 때 쓰는 낱말, 동물을 셀 때 쓰는 낱말 등을 정확히 알고 있어야 말을 할 때 실수를 하지 않습니다. 아이가 쉬운 단위부터 하나씩 알아갈 수 있도록 지도해 주세요.

100-101 쪽

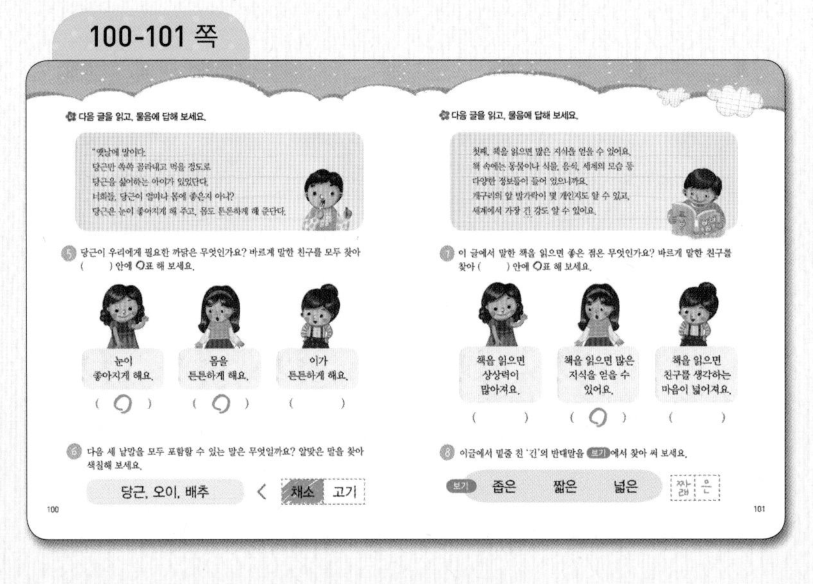

다음 글을 읽고, 물음에 답해 보세요.

"옛날에 말이다.
당근만 쏙쏙 골라내고 먹을 정도로
당근을 싫어하는 아이가 있었단다.
너희들, 당근이 얼마나 몸에 좋은지 아니?
당근은 눈이 좋아지게 해 주고, 몸도 튼튼하게 해 준단다.

5. 당근이 우리에게 필요한 까닭은 무엇인가요? 바르게 말한 친구를 모두 찾아 ( ) 안에 ○표 해 보세요.

6. 다음 세 낱말을 모두 포함할 수 있는 말은 무엇일까요? 알맞은 말을 찾아 색칠해 보세요.

당근, 오이, 배추 < 채소 / 고기

100

다음 글을 읽고, 물음에 답해 보세요.

첫째, 책을 읽으면 많은 지식을 얻을 수 있어요.
책 속에는 동물이나 식물, 음식, 세계의 모습 등
다양한 정보들이 들어 있으니까요.
개구리의 앞 발가락이 몇 개인지도 알 수 있고,
세계에서 가장 긴 강도 알 수 있어요.

7. 이 글에서 말한 책을 읽으면 좋은 점은 무엇인가요? 바르게 말한 친구를 찾아 ( ) 안에 ○표 해 보세요.

8. 이글에서 밑줄 친 '긴'의 반대말을 보기에서 찾아 써 보세요.

보기 좁은 짧은 넓은

짜 / 은

101

5. 글의 중심 내용을 파악하는 문제입니다. 주어진 글에서는 당근이 필요한 이유를 설명하여 당근을 잘 먹어야 함을 알려 주고 있습니다. 이때 당근이 필요한 이유가 글의 중심 내용이라고 할 수 있습니다.
6. 채소와 채소의 종류들을 찾아보는 문제로 포함 관계에 놓인 낱말들을 알아보는 문제입니다. 그러나 이와 같은 문제는 단순한 낱말의 형태뿐만 아니라 사물의 정확한 의미와 속성까지 파악하고 있어야 풀 수 있습니다. 아이가 알고 있는 채소를 말해 보면서 학습하도록 지도해 주세요.
7. 글의 내용을 파악하는 문제입니다. 글의 전반적인 내용은 책 속에 들어 있는 많은 정보와 지식에 관한 내용입니다. 따라서 이러한 내용들을 종합해 볼 때 이 글에서 말한 책을 읽으면 좋은 점은 '많은 지식을 얻을 수 있다.'는 것입니다. 글의 내용을 종합할 수 있는 능력은 글의 중심 생각이나 글쓴이의 주장을 파악하는 핵심 활동으로 독해력을 기르는 데 매우 중요합니다.
8. 반대되는 말을 찾아 쓰는 문제입니다. 글 속에 나와 있는 낱말이므로, 글의 앞뒤 낱말과의 관계를 통해 제시된 낱말의 뜻을 이해할 수 있습니다. '길다, 짧다, 좁다, 넓다'는 사물의 길이와 넓이를 표현하는 말로 아이들이 혼동하여 쓰는 경우가 많습니다. 따라서 어느 경우에 어떤 표현을 써야 맞는 것인지 정확히 이해시켜 주세요.

102 쪽

생활 습관을 알아요

좋은 생활 습관과 나쁜 생활 습관을 알아보는 O, X 퀴즈 놀이예요.

✿ 카드에 쓰여 있는 내용이 좋은 생활 습관이면 O표, 나쁜 생활 습관이면 X표 해 보세요. 그리고 답이 맞으면 카드 위에 크게 ☆ 모양을 그려 보세요.

1. 인형이나 블록을 가지고 놀고 나면 제자리에 넣어 두어요.

2. 유치원에서 방학을 하면 마음껏 늦잠을 자요.

3. 밥을 먹을 때 내가 싫어하는 음식은 골라내고 먹어요.

4. 매일 꼬박꼬박 우유를 마셔요.

5. 컴퓨터 게임을 하고 싶을 때마다 해요.

6. 매일 조금씩이라도 책을 읽어요.

102

● 이 놀이 마당은 퀴즈를 풀어 보면서 좋은 생활 습관을 다시 한 번 확인해 보는 활동입니다
더불어 앞에서 나온 글들의 중심 생각을 잘 이해하고 있는지도 확인할 수 있는 활동입니다.

어려서의 생활 습관은 평생 동안 영향을 미칠 수 있기 때문에 매우 중요합니다.
아이가 놀이를 통해 좋은 생활 습관을 알고 나면, 그것을 지켜나가는 데에도 재미를 느낄 수 있습니다.
단순한 지식 퀴즈를 풀어 본다는 생각은 놀이에 대한 흥미를 떨어뜨릴 수 있습니다. 답이 맞고 틀리고보다 퀴즈를 풀면서 올바른 생활 습관에 대하여 깨달을 수 있도록 지도해 주세요.

메모